LÉON CHOTTEAU

LE

TRAITÉ DE COMMERCE

FRANCO-AMÉRICAIN

AVEC UNE PRÉFACE

Par M. MENIER

MEMBRE DE LA CHAMBRE DE COMMERCE DE PARIS
DÉPUTÉ DE SEINE-ET-MARNE

Usefulness, l'utile.

PARIS

SANDOZ ET FISCHBACHER, ÉDITEURS

33, RUE DE SEINE, 33

A LA *RÉFORME ÉCONOMIQUE*   A L'UNION NATIONALE
15, RUE DU FAUBOURG   DU COMMERCE ET DE L'INDUSTRIE
MONTMARTRE   82, BOULEVARD SÉBASTOPOL
                                   21, RUE LE PELETIER

1878

LÉ

TRAITÉ DE COMMERCE

FRANCO-AMÉRICAIN

LÉON CHOTTEAU

LE
TRAITÉ DE COMMERCE
FRANCO-AMÉRICAIN

AVEC UNE PRÉFACE

Par M. MENIER

MEMBRE DE LA CHAMBRE DE COMMERCE DE PARIS
DÉPUTÉ DE SEINE-ET-MARNE

Usefulness, l'utile.

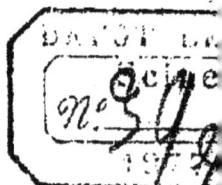

PARIS

SANDOZ ET FISCHBACHER, ÉDITEURS
33, RUE DE SEINE, 33

A LA *RÉFORME ÉCONOMIQUE*
15, RUE DU FAUBOURG
MONTMARTRE

A L'UNION NATIONALE
DU COMMERCE ET DE L'INDUSTRIE
82, BOULEVARD SÉBASTOPOL
21, RUE LE PELETIER

1878

LETTRE A M. LÉON CHOTTEAU

———

MONSIEUR ,

Vous me demandez une préface à la bro-
chure que vous publiez dans le but de montrer la nécessité, pour les États-Unis et pour
la France, de conclure un traité de commerce : je vous l'envoie bien volontiers ;
car toute ma sympathie est acquise à une
œuvre d'une telle portée.

Je crois qu'il viendra une époque où il
ne sera pas plus nécessaire de conclure des
traités de commerce entre les peuples qu'il

1.

n'est nécessaire aujourd'hui à la Norman-
die et à la Bretagne de conclure un traité
de commerce entre elles pour assurer
l'échange de leurs produits respectifs. La
postérité considérera les stipulations de
tarifs avec la même stupéfaction que nous
considérons l'ancienne organisation économique de la France.

Quoique le progrès, s'accumulant sans
cesse, marche avec une vitesse progressive,
ces conventions de peuples à peuples sont
encore nécessaires pour assurer la stabilité
et la sécurité dont le commerce et l'industrie ont si grand besoin. Mais, qu'on ne
s'y trompe pas, cette sécurité doit reposer
sur la loi économique de l'offre et de la
demande, non sur ce système qui, sous
prétexte de favoriser la production d'un
pays, donne une excitation factice à certaines classes de producteurs au détriment
de l'universalité des consommateurs.

Ce système est connu sous le nom de
système protecteur, par cette raison, sans

doute, que, dans le but de protéger quelques-uns, il nuit au plus grand nombre.

En France, nous avons été longtemps
abusés par l'agitation que faisaient les protégés en faveur du système qui les proté-
geait. Leur argumentation était très-sim-
ple. Ils prouvaient que, si on dégrevait les
droits de douanes, ils seraient obligés de
fermer leurs usines, de jeter leurs ouvriers
sur le pavé, enfin qu'ils seraient complé-
tement ruinés.

Il est vrai que, par cela même, ils
prouvaient que leurs bénéfices n'étaient
prélevés qu'au détriment de la totalité des
consommateurs qui, sans les droits protecteurs, auraient pu se procurer, à beaucoup
meilleur compte, les objets qu'ils étaient
obligés de leur acheter. Mais cette réplique
ne les embarrassait pas.

Toutefois, après la réforme de 1860, cette
réplique s'est encore aggravée, car les faits
ont prouvé que les protégés, qui criaient
si haut, criaient plus haut qu'il n'était

juste, puisque la plupart d'entre eux ont
pu continuer, nonobstant, à faire de brillantes affaires.

C'est là le vice de tout système protecteur; c'est qu'il oblige le consommateur
à payer, à un taux surfait, des objets qu'autrement il pourrait payer à meilleur compte;
c'est qu'il crée des monopoles au profit de
certaines classes de producteurs; c'est qu'il
donne des priviléges à certaines catégories
d'industriels.

Et qu'est-ce qu'un privilége?

C'est une partie des droits de tous prélevée au profit de quelques-uns.

Qui dit privilége, dit spoliation.

Mais, en même temps, précaire est la situation de ces privilégiés.

Ils ont fondé leur industrie sur la foi de
ces tarifs prohibitifs. Ils l'ont établie dans
de mauvaises conditions, à grands frais, se
disant : « Qu'importe! nous sommes couverts par les tarifs. »

Ils n'ont pas réfléchi qu'ils ont contre

eux de formidables ennemis : tous les con=
sommateurs du dedans qui demandent la
vie à bon marché, et tous les producteurs
du dehors.

C'est le phénomène d'endosmose et
d'exosmose.

Les peuples essaient de se pénétrer les
uns les autres par leurs idées, par leurs produits, et ils y arrivent jusque par la contrebande s'il est nécessaire.

Nul manufacturier ne contestera aujour-
d'hui la nécessité de la division du travail.

C'est la base de toute organisation industrielle. Elle doit être aussi la base de la
politique commerciale des peuples, car
tous n'étant pas placés dans des conditions
géologiques, climatériques, hydrographi-
ques, etc., identiques, ils ne peuvent tous
produire la même chose, et tous les objets
nécessaires à leurs besoins.

Du moment qu'entre eux, par suite des
diverses circonstances énumérées plus
haut, il y a différence de production, il

doit y avoir échange, et, plus cet échange
sera facile, plus l'avantage sera grand pour
tous.

Au lieu de comprendre cette vérité si
simple, chaque peuple a pris comme à
tâche d'entraver et de gêner cet échange.
On a vu, on voit ce phénomène bizarre se
produire : — d'un côté, on construit des
navires dans les meilleures conditions
possibles, les ingénieurs s'efforcent d'ac-
croître leur vitesse, d'augmenter leur tonnage, de diminuer la quantité de combus-
tible qui leur est nécessaire, de réduire les
équipages qui doivent les diriger afin d'é-
conomiser sur le prix du transport, et
puis, lorsqu'on est arrivé à réaliser, à
l'aide de grands efforts, de meilleures
conditions pour expédier à bas prix une
marchandise d'un point à un autre, cette
marchandise se heurte contre une barrière formidable : la douane. Elle est frap-
pée d'un tarif qui réduit à rien tous les
efforts tentés pour en faciliter la circulation,

de sorte qu'on dirait que, par une étrange
ironie, le génie fiscal se donne pour but de
paralyser le génie de l'invention.

Il y a là comme une sorte de manichéis-
me, la lutte de deux principes contrai-
res, des combinaisons politiques tâchant
de détruire les progrès réalisés par
l'homme contre la matière.

Et au détriment de qui s'accomplit cette
lutte? Qui en paie les frais? — le grand
nombre.

Je le disais en 1869, comme président de
la *Ligue pour la liberté commerciale et industrielle :* « On oublie trop le consommateur
pour ne penser qu'aux intérêts des producteurs. »

Mais ces producteurs sont consommateurs à leur tour, et ils paient, de leur
côté, les frais de cette lutte. Ils les paient
même comme producteurs.

Aux États-Unis on s'en aperçoit aujour-
d'hui.

En 1816, comme en 1865, les Américains

ont commis une grande faute commerciale ; ils ont voulu faire payer leurs dettes par l'étranger en surélevant leurs droits de douanes, Qu'en est-il résulté ? C'est que le commerce étranger s'est écarté d'eux,

Alors un certain nombre d'industriels ont dit : « Tant mieux! débarrassés de la concurrence étrangère, nous nous suffirons à nous-mêmes ; nous produirons tout ce qui nous est nécessaire, nous ne serons plus *tributaires de l'étranger*. »

Mais la crise que traversent, en ce moment, les États-Unis, les grèves qui viennent d'avoir lieu, doivent prouver à tous le danger d'un semblable système.

Les produits s'échangent contre les produits : telle est la loi économique.

Quand un marché est fermé aux produits du dehors, il est déserté par l'étranger. L'étranger, à son tour, répond aux prohibitions dont il est frappé par des prohibitions réciproques. Au lieu de la

solidarité des intérêts s'établit l'antago-
nisme des intérêts : c'est la lutte.

Alors, les produits, ne trouvant pas de
débouchés extérieurs, refluent sur le marché intérieur ; conséquences : pléthore,
crise ; c'est là ce qui se passe aux États-
Unis.

Au lieu de s'attacher à produire du coton, du café, du blé, du tabac, de la viande,
des métaux précieux, ils ont voulu faire
concurrence à toute l'industrie manufactu-
rière de l'Europe ; de là les crises, de là
les faillites qui ont éclaté, si fréquentes
pendant ces deux dernières années, et
dont la place de New-York a supporté la
majeure partie.

On a voulu protéger la soie par un droit
de 60 0/0, qu'on a encore trouvé le moyen
d'aggraver par de vexatoires formalités de
douanes. L'industrie de la soie est-elle
prospère aux États-Unis? Est-ce que, il y a
quelques mois, la grande manufacture de
Newark ne menaçait pas de fermer son

2

établissement ou de réduire les salaires de
15 0/0 ?

Telle est la conséquence fatale du système
protectionniste : donnant un élan factice à
telle ou telle industrie, il peut, à un moment, élever le taux des salaires, et puis,
lorsque la réaction se produit, elle a pour
résultat de provoquer des grèves, de jeter
les ouvriers dans la misère et d'engager les
luttes sociales. .

Il y a aux États-Unis, à vingt milles de
Saint-Louis, des montagnes de minerai de
fer ; cependant, depuis trois ans, la production du fer ne cesse pas de diminuer :

1873. . . . . . . 2.868.000 tonnes.

1874. . . . . . . 2.689.000   —

1875. . . . . . . 2.266.000   —

1876. . . . . . . 2.050.000   —

Pourquoi? — C'est que la fonte coûte

environ 54 fr. plus cher qu'en Europe :
la matière première, les ouvriers, les tarifs de transport ayant tous bénéficié des
droits protecteurs. Alors la consommation
s'est arrêtée.

Les États-Unis ont voulu aussi protéger
leur marine marchande : et eux, qui ont
des ports magnifiques, des embouchures
de fleuves superbes , un développement
de côtes immense, des cotons, des blés, des
bois, des minerais à exporter, ont construit, l'année dernière, 25 steamers attei-
gnant 21.000 tonneaux, tandis que l'Angleterre a construit 719 navires à voiles
et 348 steamers donnant 473.000 tonneaux.

De tels faits sont significatifs. Qu'à Boston
se soit formé un *free trade club*, cela ne
m'étonne pas, car cette ville ne saurait ou-
blier qu'elle doit sa prospérité à son ancienne qualité de port franc. Que d'autres
free trade clubs se soient formés dans d'autres villes de l'Union, cela ne m'étonne pas
encore, car un mouvement de réaction en

faveur de la liberté commerciale devait fatalement se produire contre le système prohibitionniste.

Je suis donc convaincu que le moment sera bien choisi lors de l'Exposition de 1878, pour qu'un congrès de représentants de l'industrie et du commerce des deux nations, dans une libre discussion, pose les bases d'un traité de commerce entre la France et les États-Unis.

Nous espérons être entendus de l'autre côté de l'Atlantique, lorsque, nous adressant aux citoyens des États-Unis, nous leur disons :

— Quoi! vos pères se sont insurgés contre l'Angleterre parce qu'elle les obligeait à payer les étoffes, les fers, les objets manufacturés de toutes sortes aux prix qu'elle leur imposait.

Et vous, aujourd'hui, pour protéger quelques industriels, leurrés eux-mêmes par cette protection factice, vous vous condamnez, vous condamnez la masse des

citoyens des États-Unis, — car tous sont
consommateurs dans une proportion quelconque, — à payer 60, 80, 90, 100 o/o de la
valeur réelle des articles dont ils ont besoin; s'ils leur sont fournis par un étranger.

Vous n'arriverez pas à ruiner l'industrie
du reste du monde. Vous lui apprenez tout
simplement à se passer de vous, à ne pas
vous compter dans ses rapports, à se
détourner de vous.

Vous pouvez vous applaudir de cet isolement; les Chinois s'applaudissent bien
aussi de demeurer impénétrables aux in-
fluences du dehors! ils sont logiques, eux;
mais vous, vous n'êtes pas logiques : vous
recevez avec facilité les étrangers; nul peuple ne les accueille mieux, ne leur permet,
par une naturalisation plus commode, de
s'incorporer à lui ; vous ne proscrivez
l'importation d'aucun culte, d'aucune idée;
et tandis qu'au point de vue intellectuel et
moral vous vous indigneriez contre celui
qui viendrait vous proposer de vous séparer

2.

des autres nations par des barrières, vous
acceptez des barrières quand il s'agit de
l'échange des produits des autres nations
du globe avec vous !

Que la Russie soit protectionniste, on
le comprend. Le protectionnisme industriel
est la conséquence logique du rôle direc-
teur que s'attribue l'État. Le czar veut
conduire son peuple à la richesse, au
bonheur, à la gloire : il doit donc le protéger contre l'invasion des idées et des
produits étrangers, et il reste dans son
rôle de providence qui s'imagine pouvoir
« créer » les richesses, pouvoir créer un
peuple, guider à son gré les intérêts de chacun, même en violation des lois économiques les plus formelles.

Mais en est-il de même pour vous, partisans du *self-government*, individualistes
qui avez pour maxime : que chacun doit
compter sur soi, sur son énergie, sur son
initiative, sur sa vigueur et non pas sur la
protection et sur l'aide de l'État?

Que faites-vous avec vos tarifs protecteurs? Ils sont la négation même du *self-
government*. Ils sont en contradiction flagrante avec toutes vos idées, toutes vos
théories et toutes vos pratiques sociales
et politiques : et c'est précisément parce
que cette contradiction est flagrante que,
tôt ou tard, par la force des choses, en
vertu de la logique des rapports qui régis-
sent les phénomènes de même ordre, vous
devez substituer au régime protecteur le
Libre-Échange.

MENIER.

Paris, décembre 1877.

LE TRAITÉ DE COMMERCE

FRANCO-AMÉRICAIN

I

LES AMÉRICAINS A PARIS EN 1878

L'idée qui consiste à rapprocher le producteur du consommateur est française. On peut même dire : républicaine. C'est en France, et en l'an VI de la République, que s'organise la première exposition.

L'exemple fut suivi par la Belgique en 1820 (Gand), par la Prusse en 1834 (Berlin), par l'Autriche en 1835 (Vienne), et par l'Angleterre en 1851 (Londres).

Les Anglais jettent les bases d'un concours international. Ils innovent. Mais si la France

n'a pas donné, à l'Exposition de 1849, le carac-
tère universel que Ferdinand Flocon, ministre,
voulait lui attribuer, c'est que les chambres de
commerce ont envoyé des réponses négatives au
gouvernement.

Dès 1833, M. Boucher de Perthes s'écriait à
Abbeville :

« Pourquoi donc ces expositions sont-elles encore restreintes ? Pourquoi ne sont-elles pas
faites sur une échelle vraiment large et libé-
rale ? Pourquoi craignons-nous d'ouvrir nos
salles d'exposition au manufacturier que nous
appelons étranger, aux Belges, aux Anglais,
aux Suisses, aux Allemands ? Qu'elle serait
belle, qu'elle serait riche, une exposition européenne ! quelle mine d'instruction elle offrirait
pour tous ! Et croyez-vous que le pays où elle
aurait lieu y perdrait quelque chose ? Croyez-
vous que si la place de la Concorde, ouverte au
1er mai 1834 aux produits de l'industrie française, l'était à ceux du monde entier, croyez-
vous, dis-je, que Paris, que la France en souf-
frît, et que l'on y fabriquât ensuite moins ou
moins bon ? Non, la France n'en souffrirait pas
plus que la Capitale : les expositions sont tou-

jours utiles, car partout elles offrent instruction et profit. »

La première République avait conçu la lutte
du travail. Si le ministère de 1848 s'était montré moins timide, la seconde République eût
réuni les peuples producteurs que Londres vit
en 1851, après le rapport de l'architecte Digby
Watt.

*
* *

Soyons sincère. Les expositions internatio-
nales ont assez ressemblé, jusqu'ici, à des pièces jouées au-dessus des exposants, et que les
intéressés ne comprenaient pas.

L'Europe, l'Afrique, l'Amérique, l'Asie et
l'Océanie se donnaient rendez-vous à Paris, à
Londres, à Vienne ou à Philadelphie. Puis,
des poëtes proclamaient l'alliance des peuples, et saluaient l'aurore d'une ère de concorde
et de paix, parce que des Russes, des Allemands, des Anglais, des Français, des Afri-
cains, des Américains, des Asiatiques et des
Océaniens avaient admiré ensemble les mêmes
oriflammes, entendu la même musique, mangé

les mêmes dîners plantureux, et bu le même champagne.

*
* *

Les événements venaient bien déranger le programme. Après 1851, et pendant 1855, guerre de Crimée ; après 1855, guerre d'Italie ; après 1862, Sadowa ; après 1867, Sedan ; après 1873, Serbie ; après 1876, passage du Pruth.

En présence de ces démentis infligés par la politique tortueuse et louche, les chanteurs souriaient et modulaient de nouveaux accords. La guerre restait l'accident inévitable, et les organisateurs des expositions devaient borner leurs soins à rapprocher les nations au lendemain d'une bataille ou à la veille d'un combat.

*
* *

Hier encore, on acceptait, sans protester, les lieux communs des nourrissons du Parnasse.

Aujourd'hui, on est exigeant ; on a des volontés. On cherche, dans l'étude et la comparaison des objets exposés, le libre-échange, qui autorise la libre concurrence, et le droit international, qui mettra fin à la guerre de peuple à peuple, comme le droit privé a proscrit la guerre d'individu à individu, et ménagera, aux énergies honnêtes, la sécurité.

Les Américains ont d'abord hésité à venir en grand nombre à Paris. Ils pensaient ne trouver chez nous, au milieu d'une arène ouverte à l'orgueil et à la vanité, que les spectacles bruyants et alléchants jadis octroyés au public folâtre par la reine Victoria, le dernier Bonaparte et l'empereur François-Joseph.

Crainte puérile.

Le ministre Teisserenc de Bort, qui a proposé aux Chambres la vaste entreprise de l'année prochaine, et les Chambres, qui ont favorisé, par le vote d'un crédit, l'exécution du projet, n'ont jamais entendu exécuter une parade.

Des hommes recommandables, MM. Krantz et Dietz-Monnin, dirigent les travaux.

*
* *

On veut montrer aux nations le chemin déjà

3

parcouru sur la route du progrès, et leur signaler les espaces inexplorés dans la carrière des arts et de l'industrie. On veut stimuler le génie des peuples et solidariser les intérêts.

A l'époque où nous vivons, la pensée ne connaît plus d'entraves, et les gouvernements qui l'arrêtent encore au passage commettent un anachronisme.

Pourquoi cette pensée, appliquée dans l'usine ou l'atelier, ne peut-elle aborder sur toutes les côtes ?

La question du libre-échange, si elle est bien résolue, augmentera la force productive des nations, et modifiera, dans le sens de la liberté, les institutions d'Europe.

*
* *

La République des États-Unis possède les garanties politiques dont ne jouissent pas toutes les puissances du vieux continent ; mais les Américains ont inauguré un système de protection excessive. Ils voient les Européens s'enrichir et assurer leur avenir en renonçant aux droits d'entrée. Preuve certaine que la prohi-

bition nuit, aujourd'hui, au développement de
la richesse, et menace de compromettre, demain, la liberté.

De loin, on apprécie mieux son pays. Nous
souhaitons que les Yankees viennent s'étudier
et se connaître au contact de notre marché.

*
* *

On a dit que l'Américain avait sa cervelle,
non-seulement sous le crâne, mais encore dans
tout le corps et jusqu'au bout des doigts. En
1788, on débarquait à Liverpool sept ballots de
coton. Le capitaine du navire déclara que la
marchandise provenait des États-Unis. Les ballots furent confisqués, et le procès-verbal de la
douane portait: « Déclaration mensongère, attendu que les États-Unis ne produisent pas de
coton. »

La cervelle multiple accomplissait déjà des
prodiges.

*
* *

Lord Chatam, en 1750, ne veut pas qu'on

taxe les colonies ; mais il crie aux (insurgents) futurs : « Si l'Amérique s'avisait de fabriquer un bas, ou un clou de fer à cheval, je serais d'avis de lui faire sentir tout le poids de la puissance de ce pays. »

Avant la guerre de l'Indépendance, l'Angleterre ne tolérait aucune industrie aux colonies, et la période qui précède l'acte du 4 juillet 1776 est marquée par de nombreuses vexations. Charles II, en 1651, 1660 et 1663, laisse pressentir l'avenir en obtenant du Parlement le vote des trois actes de navigation destinés à paralyser le commerce que les colonies désirent faire entre elles et avec l'étranger.

De 1775 à 1783, Washington mène à bonne fin une lutte engagée au nom de la liberté commerciale.

Prévoyant le triomphe des colonies, Adam Smith conviait les Américains à défricher leurs terres et à se livrer exclusivement à l'agriculture. Les Américains, dominés par leur cervelle triple ou quadruple, devinrent en même temps agriculteurs, navigateurs, industriels et commerçants.

Vers la fin de 1776, le Congrès de Philadelphie offrait de conclure des traités de commerce avec la Prusse, l'Autriche et la Toscane.

*
* *

Les huit années de guerre conduisirent les États-Unis à deux pas de la ruine, et Washington, en 1790, crut bon de réclamer du Congrès des droits protecteurs.

Jusqu'en 1816, le tarif des douanes est raisonnable. En 1816, brusque élévation des droits d'entrée : la guerre de 1812 avec l'Angleterre a épuisé le Trésor, et l'on oblige le commerce étranger à payer le déficit.

En 1832, la dette nationale est presque éteinte. On décide, sur la proposition de Henry Clay, que tout droit au-dessus de 20 0/0 de la valeur sera réduit d'année en année, jusqu'à ce taux uniforme.

Vers 1840 s'ouvrit l'agitation qu'on est convenu d'appeler « la guerre des tarifs. » Des hommes, comme M. Carey, de Philadelphie, écrivirent des livres et des brochures prônant un système rigoureux de protection. Le

3.

tarif élevé de 1842 fut le résultat de cette propagande.

On revint, en 1857, au taux de 20 0/0. Mais
le Sud, quatre ans plus tard, se souleva contre
le Nord.

*
* *

Lorsque Lee se fut rendu à Grant, à Appo-
mattox Court-House, le parti républicain tenta,
par la hausse exagérée des tarifs, d'imposer
à l'industrie européenne le paiement de la dette
nationale. En servant les intérêts du Trésor, il
entendait prouver sa force à l'Angleterre, qui
avait armé l'*Alabama*, et au gouvernement de
Bonaparte, qui avait soutenu moralement les
sudistes.

Certes, Thaddeus Stevens, à la Chambre des
représentants, et Charles Sumner, au Sénat de
Washington, n'avaient pas tort d'offrir, à leur
patriotisme, une revanche. Ils se trompaient
lorsqu'ils pensaient, en écartant les produits
anglais et français, nuire exclusivement à l'Angleterre et à la France. Lorsque les taxes dé-
passent 4 ou 5 0/0 et s'élèvent à 50, 60 ou 70,

elles équivalent à une véritable prohibition, et cessent d'être perçues, faute de produits à frapper.

C'est ce qu'on a pu constater récemment à propos des ouvriers lyonnais. Les exportateurs de Lyon envoient très-peu de soie aux États-Unis; ils souffrent beaucoup, et le fisc américain n'encaisse presque plus rien de ce côté, parce qu'il est trop gourmand.

Telle est la situation.

*\
* *

Les Anglais furent mieux inspirés. En 1826, ils n'imposèrent plus à la soie qu'un droit de 30 0/0, et l'innovation porta ses fruits. Si bien que des manufacturiers de Manchester se plaignirent, en 1852, d'être encore trop protégés par un reste de protection. Ils demandaient que le gouvernement les soulageât « en abolissant les droits sur les tissus de soie d'origine étrangère, non partiellement et graduellement, mais totalement et immédiatement. »

La France, qui a suivi l'Angleterre sur le

terrain des franchises commerciales, s'était d'abord fourvoyée.

Le 27 mai 1814, la Chambre de Commerce de Rouen adressait au roi Louis XVIII une requête où nous lisons : « La prohibition est de droit politique et social. Depuis le fabricant jusqu'à l'ouvrier, tous réclament, et avec raison sans doute, le droit de fournir exclusivement à la consommation du pays qu'ils habitent. »

Depuis 1860, nous avons cédé au courant qui emporte les peuples assez forts sur eux-mêmes pour mépriser les suggestions de l'empirisme économique.

*
* *

Les États-Unis résistent encore. Pourquoi ? Parce que, jusqu'ici, nous avons négligé de faire naître chez eux une propagande utile à la grande œuvre du XIXᵉ siècle.

Le centenaire de l'indépendance nous offrait une occasion admirable. Si, de mai à novembre 1876, un Français, animé de la foi qui soulève les montagnes, avait créé, en Amérique, par le journal et le meeting, un courant d'opinion favorable à un traité de commerce entre la France et le gouvernement de Washington, l'engagement réciproque serait peut-être déjà signé.

Grâce à l'indifférence de quelques-uns, et au mauvais vouloir d'un autre, les 630,000 francs alloués à l'occasion de Philadelphie n'ont pas profité à notre industrie.

Nos exportateurs attendent toujours le traité qui préviendra les brusques variations des douanes. Ce traité serait utile à la France, puisque des calamités comme la crise lyonnaise deviendraient désormais presque impossibles chez nous. Il ne serait pas moins utile aux Américains, puisqu'il élargirait et affermirait les sources de la prospérité publique aux États-Unis.

*
* *

Comment porter les Américains à introduire, dans leurs lois, l'évolution réalisée par les puissances d'Europe? L'accord ne peut résulter que d'un mouvement parti de France et bien accueilli là-bas. Si l'initiative française est solide, le reste se fera, puisque des Américains compétents ont déjà promis de seconder les efforts tentés à Paris.

Un comité, fonctionnant à Paris, verra ses travaux complétés par un autre comité établi à New-York ou à Boston. Et les esprits seront suffisamment préparés l'année prochaine.

Alors s'ouvriront, pendant l'Exposition de 1878, entre les exposants d'Amérique et nos compatriotes, les débats qui précèdent toujours la conclusion d'un acte important. On fixera les bases du traité; et, lorsque les Américains re-traverseront l'Atlantique, les gouvernements de Versailles et de Washington n'auront plus qu'à ratifier les termes de la convention garantie par les intéressés eux-mêmes.

Le but indiqué légitime, depuis longtemps, les préoccupations des plus honorables repré-sentants de l'industrie française. On l'attein-dra si l'intérêt général bien compris rappro-che les activités que l'isolement paralyse, et constitue, de toutes les forces disséminées, un véritable faisceau.

II

TRAITÉS ET CONVENTIONS

SIGNÉS PAR LES ÉTATS-UNIS D'AMÉRIQUE

II

TRAITÉS ET CONVENTIONS SIGNÉS

PAR LES ÉTATS-UNIS D'AMÉRIQUE

A la fin du XVIIIe siècle, les colonies américaines offrent une choquante disparate. Libres quand elles ne se préoccupent que d'organiser et de diriger leur gouvernement intérieur, elles sont esclaves sur le domaine où s'agitent et se règlent leurs intérêts commerciaux.

Briser les liens qui paralysent l'activité en matière commerciale, tel est le but de la guerre de l'indépendance.

La grande République, dont l'énergie, la sa-

4

gesse et l'autorité étonnent le monde actuel, naît
le 4 juillet 1776, par la déclaration d'indépendance, s'affirme au milieu des alternatives de
succès et de revers de huit années de lutte, et
grandit jusqu'à nos jours, malgré les deux obstacles qu'on nomme la guerre de 1812, avec
l'Angleterre, et la guerre de sécession.

DE LA DÉCLARATION D'INDÉPENDANCE
A LA PAIX DU 3 SEPTEMBRE 1783

Les Américains, affranchis en 1776, n'ont
ni argent, ni armée. Ils réclament l'appui de
la France, et Louis XVI accepte le traité
d'amitié et de commerce « *of amity and commerce* » du 6 février 1778.

On veut combattre l'ennemi commun, l'Angleterre. On se rapproche ; on s'unit.

Les hostilités, après tout, ne seront qu'un
accident passager. Un temps viendra où les
deux pays, cessant de détruire, se remettront
au noble travail de la production.

Dès aujourd'hui, les exportateurs français ne paieront, aux États-Unis, que les taxes imposées aux citoyens des nations les plus favorisées, et ils jouiront des « droits, libertés, priviléges, immunités et exemptions en matière de navigation et de commerce » que possèdent les mêmes nations.

Réciprocité en faveur des Américains trafiquant avec la France.

Les navires des États-Unis n'acquitteront même pas les « 100 sols » par tonne perçus en France sur tout bâtiment étranger, à moins qu'ils ne soient chargés de marchandises françaises allant d'un port de France à un autre port du même pays.

Pêche interdite dans les « ports, baies, anses, rades », et sur les côtes des parties contractantes. Les Français, cependant, continueront de pêcher sur les bancs de Terre-Neuve, aux endroits fixés par le traité d'Utrecht.

*
* *

Les articles XI et XII primitifs comportaient qu'aucun droit d'exportation ne serait établi sur

les mélasses tirées par les Américains des îles
d'Amérique soumises à la domination de la
France, et que la même latitude serait laissée
aux marchandises prises aux États-Unis par les
Français, et destinées à l'usage des îles four-
nissant les mélasses.

Le congrès des États-Unis représenta à
Louis XVI que l'exécution de l'article XI pou-
vait offrir des difficultés « might be productive
of inconveniences », qu'il désirait sa radiation,
et renonçait d'ailleurs à l'article XII.

M. Gravier de Vergennes, au nom du roi
(1ᵉʳ septembre 1778), supprima les deux articles.

Le roi très-chrétien « Most Christian King »,
désire favoriser le commerce. Il concédera un ou
plusieurs ports francs où les Américains pour-
ront introduire et vendre tous les produits de
leur pays. La situation des ports francs ouverts
déjà dans les îles d'Amérique appartenant à la
France, ne sera pas modifiée.

Note secrète des plénipotentiaires C. A. Gé-
rard, B. Franklin, Silas Deane et Arthur Lee :
l'engagement de la France et des États-Unis ne
sera définitif qu'après la ratification du roi
d'Espagne, « catholick majesty ».

La clause de la « *most favoured nation* » est la seule garantie proclamée le 6 février 1778. Elle rassure l'industrie française à l'époque de la guerre de l'indépendance.

Les Américains, en effet, n'ont couru aux armes que pour délivrer leurs usines du joug pesant de la Grande-Bretagne. Ils entrevoient, dans le libre-échange, les conditions de leur prospérité future, et tout laisse présager que les conquêtes réalisées sur le champ fertile de la production ne les porteront jamais à éloigner de leurs rivages, au moyen de barrières protectrices, les Français qu'ils accueillent favorablement aujourd'hui.

*
* *

La guerre de l'indépendance, heureuse par ses résultats, fut pénible et longue.

En 1782 (16 juillet), Granier de Vergennes et Benjamin Franklin fixèrent à dix-huit millions de livres les sommes avancées par le gouvernement français, et convinrent que le remboursement aurait lieu le 1er janvier 1788, avec intérêts à cinq pour cent l'an.

4.

Le 8 octobre de la même année, traité « d'amitié et de commerce » avec les Pays-Bas.

Aucune disposition n'étend les avantages concédés le 6 février 1778. On se défend même, par l'article 22, de vouloir déroger à l'engagement conclu avec la France.'

Fin de la guerre de l'indépendance. L'Angleterre reconnaît que les treize États insurgés, « New-Hampshire, Massachussetts, Rhode-Island, Connecticut, New-York, New-Jersey, Pensylvanie, Delaware, Maryland, Virginie, Caroline du Nord, Caroline du Sud et Georgie » sont « libres, souverains et indépendants ». Aveu officiel. Il porte cette date : 30 novembre 1782.

Aux Américains, droit de pêche sur le grand banc et les autres bancs de Terre-Neuve, dans le Saint-Laurent et dans les eaux des possessions anglaises du Nord de l'Amérique (Nouvelle-Écosse, îles Madeleine et Labrador).

Armistice entre la Grande-Bretagne et les États-Unis (20 novembre 1783).

Le 25 février, la France consent à l'Amérique un nouveau prêt de six millions de «livres tournois », et les colonies victorieuses s'empressent

(3 avril) d'accorder à la Suède un traité d'amitié et de commerce.

Suédois et Américains transporteront, dans leurs navires, toute espèce de marchandise, à l'exception de la contrebande de guerre, et aborderont sans crainte dans les ports et les anses des pays en état d'hostilité avec l'une ou l'autre des parties contractantes.

* * *

Le pavillon couvre la marchandise « *free ships make free goods, except contraband articles* ».

Dispositions déjà inscrites le 6 février 1778.

Retour de la paix (3 septembre 1783).

L'acte fut signé à Paris, par D. Harley, John Adams, B. Franklin et John Jay.

Dans cette période, pas d'entraves suscitées au commerce avec l'étranger, et les peuples qui se donnent la main, pareils aux amants qui se jurent un amour éternel, ne prévoient aucun nuage à l'horizon bleu.

Le traité avec la France stipule une « paix solide, inviolable et universelle », une « amitié franche et sincère ».

Pays-Bas et Suède acceptent également l'augure d'une ère de concorde que les plénipotentiaires croient sans fin.

Les rapports commerciaux, en réalité, devaient subir, plus tard, les appréhensions et les troubles que provoque toujours une protection voisine de la prohibition.

DU 3 SEPTEMBRE 1783 A LA GUERRE DE 1812 AVEC L'ANGLETERRE.

Après la paix, les membres du Congrès américain prouvent leurs sympathies à la Prusse (9-28 juillet, 5 août, 10 septembre 1785).

Les marchandises introduites aux États-Unis, par les sujets de Sa Majesté le roi de Prusse, et les produits et objets manufacturés transportés en Prusse par les Américains, jouiront, des deux côtés, de la clause de la nation la plus favorisée.

Traité consenti pour dix ans, après l'échange des ratifications. Peut-être ne durera-t-il que l'espace d'un matin ; car le roi de Prusse et le Congrès des États-Unis se réservent la faculté de fermer leurs frontières aux importations et aux exportations, lorsque des raisons politiques « *reasons of state* » exigeront une telle mesure.

Vous apercevez d'ici, cinglant vers l'Europe, un navire de New-York ou de Boston. Il a pour destination un port quelconque de la Poméranie. Terre ! Le Prussien apparaît et dit au capitaine :

— Pas de déchargement possible ; éloignez-vous : « *reasons of state* ».

Même éventualité pour un navire de la Poméranie allant à New-York ou à Boston.

Si l'on se figure créer de nouveaux débouchés en suspendant, au-dessus de la tête des exportateurs, une autre épée de Damoclès, on se trompe.

**
* *

La jeune République s'efforçait de révéler au monde son intention de grandir par le travail. Elle offrit la paix et l'amitié « *peace and friendship* » à l'empereur du Maroc (janvier 1787).

L'article XIV du traité porte que le com-

merce du Maroc avec les États-Unis sera soumis aux conditions acceptées par l'Espagne
(l'acte avec le gouvernement de Madrid n'apparaît qu'en 1795), ou, dans tous les cas, jouira
des avantages reconnus à la nation la plus
favorisée.

D'après l'article XVII, les marchands ne
sont pas tenus d'acheter ou de vendre les produits qui leur déplaisent, et ils peuvent acheter
ou vendre les marchandises non prohibées aux
autres nations chrétiennes.

Durée du contrat, avec l'appui du Ciel (*with
the help of God*), cinquante ans.

*
* *

Les fonctions et les priviléges des consuls
de France et d'Amérique n'étaient pas réglés.
On combla cette lacune le 14 novembre 1788,
par une convention qui devait durer douze
ans.

On n'atteignit jamais l'expiration du terme;
car une résolution du congrès (7 juillet 1798)
déclara nuls et de nul effet les traités jadis
ratifiés par la France.

Nous saisissons le motif de la rupture. Les guerres de la République française ont causé de graves préjudices au commerce maritime des États-Unis. Plus d'alliance avec une contrée qui ne sort d'un bouleversement que pour se replonger dans d'autres alarmes.

Déjà, en 1790, on paraît méditer d'affaiblir les rapports commerciaux : Washington a obtenu du congrès des droits protecteurs.

* *
*

Fait très-grave. Mais Washington, que la concurrence anglaise semble inquiéter, et qui veut, dit-on, sauver «l'indépendance du travail,» pourrait bien n'être dominé que par les embarras financiers venus de la guerre. Au fond, il n'aspire qu'à protéger le Trésor.

Rien n'autorise à affirmer que le *fatherland*, le père de la patrie, pose ici le principe qui consiste à enfermer l'industrie américaine dans un cercle où ne pénètrent ni le goût ni l'élégance de l'Europe.

Protéger, c'est encourager. Qui encouraget-on? Le consommateur? Du tout. Le monopoleur ? Certes.

La mesure édictée en 1790 ne permet pas de dire que l'exécutif, qui désire innover, ni que le législatif, qui vote l'innovation, aient pour idéal un pays défendu, contre les produits européens, par quelque muraille bien épaisse et assez haute, et dont toute la science économique se résumerait à condamner le libre-échange, élément de vie, pour ne chercher le progrès que dans la prohibition, c'est-à-dire dans la mort.

*
* *

L'entrave apportée aux échanges avec l'Europe n'existe pas moins.

La clause de la *Most favoured nation* n'offre plus autant de garantie.

Haines adoucies par le temps. Un traité d' « amitié, de commerce et de navigation » rapprocha la majesté britannique du Président des États-Unis (19 novembre 1794).

Dans les possessions anglaises d'Amérique

et aux États-Unis, aucune taxe d'entrée sur les peaux.

On organise le commerce avec les Indes occidentales. Défense d'exporter, sur des navires américains venant des possessions anglaises, ou des États-Unis, la mélasse, le sucre, le café, le cacao et le coton, à l'exception de provisions de voyage raisonnables.

*
* *

Commerce avec les Indes orientales. Obtenir de l'Angleterre l'autorisation d'exporter du riz ou du matériel de guerre.

Avec les domaines de Sa Majesté britannique en Europe, réciprocité. Le gouvernement anglais se réserve la faculté d'exiger, des navires américains, le droit de tonnage affecté aux navires anglais en Amérique ; et, aussi, de fixer une taxe qui corresponde à la redevance payable sur les marchandises européennes ou asiatiques importées aux États-Unis sur des navires anglais ou américains.

Les principales dispositions de ce - traité devaient durer douze ans.

5

L'amitié fut également scellée avec le dey d'Alger (5 septembre 1795).

Aucun citoyen des Etats-Unis ne sera tenu, en Algérie, ni d'acheter les produits qu'il refuse d'acquérir, ni de payer les dettes d'un compatriote qu'il n'a pas cautionné.

*\
* *

Dans la même année (27 octobre), traité d'amitié, de bornage et de navigation avec l'Espagne.

Tripoli (4 novembre 1796). Le bey n'est aimable qu'après avoir reçu de l'argent et des présents.

Tunis (août 1797). Le traité commence ainsi :

« Dieu est infini. Sous les auspices du plus grand, du plus puissant de tous les princes de la nation ottomane qui règne sur la terre, notre très-glorieux et très-auguste empereur qui commande aux deux hémisphères et aux deux océans, Sélim-Kan, fils victorieux du sultan Moustafa, dont le royaume, grâce à Dieu, sera prospère jusqu'à la fin des âges, le soutien des rois, le sceau de la justice, l'empereur des empereurs... » Impossible d'être plus poli avec un sauvage.

Taxe de six pour cent sur les marchandises américaines introduites à Tunis sur des navires étrangers, ou sur les marchandises étrangères transportées sur des navires américains.

Transactions libres avec Tunis, à l'exception du vin et de la contrebande de guerre.

Nouveau traité d'amitié et de commerce avec la Prusse (11 juillet 1799).

On s'engage pour dix ans, en se promettant une seconde fois de prohiber les importations et les exportations pour des raisons politiques.

Convention avec la République française (30 septembre 1800).

Paix « solide, inviolable, universelle »; amitié « franche et sincère. » Liberté commerciale. Priviléges de la nation la plus favorisée.

*
* *

Cession, par la France aux États-Unis, de la Louisiane (30 avril 1803).

Pendant douze ans, les navires français et espagnols venant de France ou de ses colonies,

d'Espagne ou de ses colonies, et chargés de
produits français ou espagnols, seront admis à
la Nouvelle-Orléans, et dans les autres ports de
la Louisiane, sur un pied d'égalité avec les navires américains sortis de France, d'Espagne
ou de leurs possessions.

Ce privilége ne sera pas étendu aux autres
pays.

Après les douze ans, « *most favoured nation.* »

Guerre de 1812 avec l'Angleterre. Causes :
atteintes portées aux droits des neutres. Paix
signée le 24 décembre 1814.

DE LA PAIX DE 1814 A LA GUERRE DE
SÉCESSION

Autre témoignage d'amitié du dey d'Alger
(30 juin 1815).

Peu de jours après (3 juillet), relations d'affaires rétablies avec l'Angleterre.

A l'importation et à l'exportation , mêmes
droits de tonnage et mêmes taxes, que les

marchandises anglaises ou américaines soient arrivées sur des navires américains ou anglais.

Durée du contrat : quatre ans. On la fixe plus tard à dix ans (20 octobre 1818).

Liberté commerciale proclamée avec la Suède et la Norvége(4 septembre 1816), pour huit ans.

*
* *

Le dey d'Alger ne semble pas très-sûr. On renouvelle le traité récemment conclu avec ce personnage (22, 23 décembre 1816).

L'année 1816 marque une élévation sensible des droits d'entrée aux États-Unis. On subvient aux charges suscitées par la guerre de 1812. Des millions manquent à l'appel, et l'on imite Washington en forçant les taxes sur les importations. But : équilibrer le budget.

Qu'importe, après cela, que des industriels regardent le tarif modifié comme un factionnaire habile à préserver la routine de la concurrence lointaine ? Si des manufacturiers du Massachussetts ou de la Pensylvanie ne modèrent pas l'explosion bruyante d'une joie subite, on leur objectera :

5.

— C'est dans l'intérêt apparent du Trésor, et dans cet intérêt exclusif, qu'on oblige le consommateur américain à payer plus cher tout objet venu d'Europe.

La clause de la nation la plus favorisée inspire encore moins de confiance.

* * *

Traité de navigation et de commerce avec la France (24 juin 1822).

Les produits américains importés en France, sur des navires américains ou français, paye-ront, outre les droits établis, une taxe addition-nelle n'excédant pas vingt francs par tonne.

Les produits français, importés aux États-Unis par des navires de France ou d'Amérique, acquitteront également une taxe supplémentaire qui ne dépassera pas trois dollars 75 cents par tonne.

On s'engage pour deux ans, à partir du 1er octobre 1822, et jusqu'à la conclusion d'un traité définitif, à moins que l'une des parties ne dé-nonce l'acte six mois d'avance.

A défaut de dénonciation, les taxes extraordinaires seront diminuées annuellement d'un quart, après l'expiration des deux ans.

*
* *

Russie (5 avril 1824).

Échange de toutes sortes de marchandises, à l'exception des munitions de guerre et des liqueurs fortes.

Colombie (3 octobre 1824). Durée : douze ans.

Puis, viennent l'Amérique du centre (5 décembre 1825), et le Danemark (26 avril 1826).

Avec la Suède et la Norvége, on décide (4 juillet 1827) que les navires suédois et norvégiens introduiront, aux États-Unis, tout ce que peuvent importer en Amérique les navires américains.

Cabotage réservé aux navires nationaux.

Dix ans et plus, à moins de dénonciation.

Républiques hanséatiques, Lubeck, Brême, Hambourg (20 décembre 1827). Douze ans.

Mexique (12 janvier 1828). Huit ans.

Prusse (1er mai 1828). Douze ans.

Dans le traité du 12 décembre 1828 avec le

Brésil, les États-Unis acceptent les avantages
de la nation la plus favorisée, sans qu'ils puis-
sent jamais se prévaloir du contrat intervenu
entre le Brésil et le Portugal. Douze ans.

Autriche (27 août 1829). Dix ans.

Empire ottoman (17 mai 1830).

*
* *

D'après la convention du 3 juillet 1831, les
vins de France importés aux États-Unis payent,
par gallon : 6 cents, sur vins rouges en bar-
riques ; 10 cents, sur vins blancs en barri-
ques ; et 22 cents, sur vins de toutes sortes en
bouteilles.

Taxes applicables, même dans le cas où le
tarif général américain, du 1er janvier 1829,
arriverait au-dessus des 6, 10 et 22 cents.

Le gouvernement français établira, sur les
longs fils de coton des États-Unis importés en
France par des navires français ou américains,
les mêmes droits que sur les fils courts.

Dix ans.

Voici enfin un maximum. Encore n'est-il consenti que sur les vins. Première conquête,

après tout. Nos maisons de Bordeaux et de
la Champagne, pendant dix ans, n'ont à redouter aucune surprise.]

*
* *

Mexique (5 avril 1832). Huit ans.
Chili (16 mai 1831). Douze ans.
Russie (6-18 décembre 1832).
Avec les Deux-Siciles (14 octobre 1832), on
règle les indemnités pour dommages causés
au commerce américain par Murat, dans les
années 1809, 1810, 1811 et 1812.

L'augmentation des droits d'entrée, résolue
en 1816, fut-elle réellement profitable au budget? On a vu, dans tous les cas, s'affaiblir et
presque disparaître les lourdes charges léguées
à l'avenir par la guerre de 1812. Vingt ans se
sont écoulés. On est en 1832. On suit Henry
Clay sur la voie du dégrèvement, et l'on con-
damne tout droit supérieur à 20 0/0 de la valeur.

Sous l'empire de ce courant favorable, on
voit aboutir de nombreux traités : Royaume
d'Aman (21 septembre 1833); Siam (20 mars
1833); Maroc (16 septembre 1836); Pérou-

Bolivie (30 novembre 1836); Vénézuela (20 janvier 1836); Grèce (10-22 décembre 1837); Sardaigne (26 novembre 1838).

Exportations du sel, de la poudre et du tabac, non permises des États-Unis en Sardaigne.

Tarifs sardes différentiels sur le grain, l'huile d'olive et le vin importés de la mer Noire, des ports de l'Adriatique, de la Méditerranée et de Trafalgar. Les États-Unis établiront les mêmes droits sur les marchandises importées chez eux, et pendant que les tarifs de la Sardaigne subsisteront.

*
* *

Citons encore le Texas (25 avril 1838); la République de l'Équateur (13 juin 1839); les Pays-Bas (19 janvier 1839); le Hanovre (20 mai 1840), et le Portugal (26 août 1840).

L'histoire économique des États-Unis s'altère en 1842. A cette époque, l'idée de la protection passe, de la théorie, à la pratique.

En 1790 et en 1816, on a frappé d'un lourd tribut les produits exotiques, sans se soucier beaucoup de régler le sort de l'industrie américaine. On avait besoin d'argent, et l'on a sollicité les cotisations des industriels français, anglais, russes ou espagnols.

Aujourd'hui, triomphe le principe de la protection. On décide que les usines et les manufactures des États-Unis réclament justement, pour prospérer, la vigilance de la douane. Vote plein de dangers, puisque la protection est accordée aux gros bonnets de l'industrie contre les consommateurs.

Armés du tarif illogique de 1842, les États-Unis obtiennent, cependant, de la Chine, l'ouverture des ports de Kwang-Chow, Amoy, Fuchow, Ningo et Shangaï. Dans ces ports, à l'importation et à l'exportation, droits fixés par un tableau que le gouvernement chinois ne modifiera jamais sans l'autorisation des consuls ou autres fonctionnaires américains. Sur les produits non spécifiés, 5 0/0 *ad valorem*. Riz et grains affranchis. Commerce de l'opium prohibé.

* *

Belgique (10 novembre 1845). On s'interdit

l'importation du sel, et du produit des pêches nationales.

Deux-Siciles (1ᵉʳ décembre 1845).

Hanovre (10 juin 1846). Plus de droit d'importation au Hanovre sur le coton brut, ni de droit de transit sur les feuilles, les plumes, les tabacs en tonneaux ou en paquets, le coton brut en balles ou en sacs, l'huile de baleine en fûts, le riz en tierçons ou demi-tierçons.

Nouvelle-Grenade (12 décembre 1846).

L'Oldenbourg et le Mecklenbourg-Schwerin adhèrent au traité du Hanovre (10 mars et 9 décembre 1847).

Puis viennent :

Guatemala (3 mars 1849); Honolulu (20 décembre 1849); San Salvador (2 janvier 1850); Suisse (25 novembre 1850); Bornéo (23 juin 1850); Costa Rica (10 juillet 1851); Pérou (26 juillet 1851); Confédération Argentine (27 juillet 1853); Angleterre (5 juin 1854).

*
* *

Dans le traité de 1854, on remarque un certain nombre de produits reçus en franchise dans les deux pays.

Japon (31 mars 1854); Perse (13 décembre 1856); Siam (29 mai 1856).

L'opium importé à Siam ne sera vendu qu'aux marchands spéciaux. Tarif annexé des exportations. Après trente jours d'avis, sauf en cas de guerre, le gouvernement siamois peut défendre l'exportation du sel, du riz et du poisson.

Ainsi les Américains, devenus chez eux protectionnistes, parvenaient à étendre leurs relations, et à se ménager au loin de sérieux débouchés.

L'heure des scrupules sonna. Peut-être, après tout, négligea-t-on de céder à la honte pour n'apprécier que les conséquences de la rigueur.

On revint de l'examen (1857) assez mécontent des faits, et l'on proclama, comme en 1832, les 20 0/0.

Sous le bénéfice du taux jadis préconisé par Clay, nous traversons une dernière phase jusqu'à la guerre de sécession.

Nous inscrivons les traités suivants :

Bolivie (13 mai 1858); Chine (18 juin 1858);

Japon (29 juillet 1858); Paraguay (4 février 1859); Venezuela (27 août 1860).

DE LA GUERRE DE SÉCESSION A
AUJOURD'HUI

Le Sud s'insurge contre le Nord en 1861. Lutte sanglante. Elle dure quatre ans.

Pendant les hostilités, on mène à bonne fin plusieurs traités.

Empire ottoman (25 février 1862). A l'exportation de Turquie en Amérique, huit pour cent calculés sur la valeur. Les huit seront réduits annuellement de un, de manière à garder le taux de un pour cent.

Pour l'importation aux États-Unis de produits turcs, et en Turquie de produits américains, clause de la *most favoured nation*. Toutefois, l'importation en Turquie ne légitime pas un droit supérieur à huit pour cent *ad valorem*.

Durée de l'engagement : 28 ans.

Libéria (21 octobre 1862).

Belgique (20 mai 1863). Le tarif de 1861 avec la France est applicable aux importations des États-Unis en Belgique.

*
* *

Japon (28 janvier 1864). Sont affranchis des droits, comme servant à l'emballage du thé : les feuilles de plomb, les soudures, les nattes, l'huile pour la peinture, l'indigo, le gypse, les bassines et les paniers.

Soumis au droit de cinq pour cent : Machines et mécaniques, drogues et médicaments ; fer en lingots ou en barres ; tôle et fil de fer ; plats d'étain ; sucre blanc en pains ou cassé ; verres ou verrerie ; horloges, montres, chaînes de montres ; vins, liqueurs distillées et spiritueux. Importation de l'opium prohibé.

Honduras (4 juillet 1864).

Haïti (3 novembre 1864).

*
* *

La guerre de sécession finit en 1865. Dette colossale. Pour la payer, on a recours au moyen imaginé en 1790 et en 1816. Les tarifs atteignent des proportions inconnues. Dans l'ardeur qui anime le congrès, aucune préoccupation raisonnée à l'endroit de l'industrie américaine. On veut, avant tout, amortir la dette; et c'est bien à leur insu que les législateurs répondent aux vœux secrets des fabricants de Lowell et de New-York.

Les navires européens semblent fuir les côtes des États-Unis, et le gouvernement américain tente de maintenir ses anciennes relations commerciales.

***

République dominicaine (8 février 1867). Huit ans. Réciprocité. Mais lorsque les taxes équivalent à une prohibition, on ne rassure que médiocrement les exportateurs de Saint-Domingue en leur promettant de n'exiger d'eux que le chiffre imposé aux Européens.

Madagascar (14 février 1867). Clause de la nation la plus favorisée. A l'importation et à l'exportation, les Américains ne paieront que dix pour cent.

Russie (27 Janvier 1868). Respect des marques de fabrique. Contrefaçon poursuivie.

Chine (28 juillet 1867). Complète, en certains points, le traité de 1858.

Belgique (20 décembre 1868). Marques de fabrique.

France (16 avril 1869). Marques de fabrique.

Autriche (11 juillet 1870). Droits d'immunités des consuls.

Autriche-Hongrie (25 novembre 1871). Marques de fabrique.

Italie (26 février 1871). A l'importation aux États-Unis ou en Italie, droits applicables aux autres nations. A l'exportation, même règle. Aucune exclusion qui ne soit généralisée.

Empire germanique (11 décembre 1871). Immunités des consuls et marques de fabrique.

*
* *

Ici s'arrêtent les traités et conventions signés par les États-Unis depuis la déclaration d'indépendance.

Les nombreux documents officiels que l'on

6.

a bien voulu nous communiquer [1], et que nous
venons d'analyser brièvement, attestent, chez
les Américains, une intention louable. L'isolement est toujours un danger, et l'on ne peut
que féliciter les Yankees de savoir y échapper.
Certes, le peuple né hier qui recherche les
sympathies du Maroc, de Tunis, de Tripoli, du
royaume d'Aman et de Madagascar, après
s'être ménagé les bons offices des grandes
puissances, révèle un grand esprit politique.
Pourquoi ne s'avance-t-il pas sans arrière-
pensée sur la voie qui conduit au libre-échange
et à la libre concurrence?

Les protectionnistes, en matière commerciale, ont plus d'un point de ressemblance avec
les réactionnaires qui conseillent la tyrannie
dans le domaine des intérêts publics. La tyrannie a fait ses preuves dans le passé, et les *gentlemen* qui ne verraient aujourd'hui la république de Washington heureuse et digne que

1. M. E.-B. Washburne, ministre des États-Unis, ne nous
a jamais refusé ses bons soins. Nous trouvons la même
obligeance chez le général E.-F. Noyes, son successeur,
et chez MM. R.-R. Hitt et Henry Vignaud, secrétaires
de la légation.

sous un mameluck couronné, ne récolteraient que froid dédain. Par quelle étrange aberration ose-t-on applaudir encore les hommes attardés qui rêvent, pour l'industrie américaine, d'étroites lisières?

* *
*

Si la liberté est une excellente chose sur le terrain politique, elle ne peut être une chose détestable sur le terrain économique. Tous les genres d'intérêt se touchent et s'enchaînent. Asseoir la servitude commerciale sur la liberté politique, c'est atteler, à un même char, deux coursiers dont l'un tourne à droite et l'autre tire à gauche.

Servitude commerciale! avons-nous dit. C'est que les usines protégées souffrent réellement de l'appui qu'on leur prête. Voyez les Anglais de 1852.

D'ailleurs, nous nous reprochons presque d'évoquer ici le fantôme de la protection, puisque les Américains, victorieux du Sud, n'ont remanié leurs tarifs que dans le but de satisfaire leurs créanciers.

La dette des États-Unis a été réduite. Par l'Europe ? non. Par l'Amérique ? oui.

Taxes fantastiques : absence de produits à frapper.

Nous demandons que les Américains reviennent aux saines traditions de 1857, de 1832, même d'avant 1790.

III

LE CONGRÈS FRANCO-AMÉRICAIN

III.

LE CONGRÈS FRANCO-AMÉRICAIN

Depuis 1871, plusieurs délégués des États-Unis sont venus en France et ont dit au ministère :

— Voulez-vous conclure un traité de commerce?

Chaque fois le gouvernement répondit :

— Avec plaisir; quelles concessions nous faites-vous?

Les Américains maintenaient leurs tarifs.

Barrières formidables, plus hautes que des murailles chinoises.

Les principaux articles de l'exportation française aux États-Unis sont ainsi taxés :

Bimbeloterie, jouets de toute espèce.............	50 0/0 de la valeur.
Boutons de laine et de soie...........	50 0/0 —
Confections de soie....	60 0/0 —
Eaux-de-vie et autres spiritueux...............	273 fr. 71 c. l'hect.
Fils de laine cardée ou peignée valant plus de 6 fr. 86 c. le kilog. et pas plus de 9 fr. 15 c........	4 fr. 57 c. le kilog.
Les mêmes valant plus de 9 fr. 15 c.............	5 fr. 72 c. le kilog.
En outre, pour les deux articles.................	35 0/0 de la valeur.
Mercerie, dés à jouer en ivoire et en os...........	50 0/0 de la valeur.
Gaînerie pour pipes, tuyaux de pipes, embouts, montures et agencements pour pipes et tous articles pour fumeur.............	75 0/0 de la valeur.

Perles et grains taillés et

ornements de tête en per-
les, autres que l'ambre... 50 0/0 de la valeur.

Pipes et foyers de pipes
en écume de mer, en bois,
en porcelaine, et autres
pipes dénommées......... 7 fr. 77 c. la grosse.
et 75 0/0 de la valeur.

Outils et ouvrages en mé-
taux, fer et acier ouvrés,
ancres et parties d'ancre.. 0 fr. 26 c. le kilog.

Chaînes, chaînes de trait,
d'arrêt, de clôture en fer,
de tréfilerie ou en verges
de fer n'ayant pas moins de
0,006 de diamètre........ 0 fr. 29 c. le kilog.

Ayant moins de 0,006 et
n'ayant pas moins du n° 19
français................. 0 fr. 34 c. le kilog.

Clous à ferrer les che-
vaux................... 0 fr. 57 c. le kilog.

Équerres en fer graduées
d'un côté.............. 0 fr. 34 c. le kilog.
et 30 0/0 de la valeur.

Autres en fer ou acier... 0 fr. 69 c. le kilog.
et 30 0/0 de la valeur.

7

Limes, limes usinées, râ-
pes et truelles de toutes
sortes ayant de largeur pas
plus de 10 pouces (0 m. 25).   1 fr. 14 c. le kilog.
                                et 30 0/0 de la valeur.
    Plus de 10 pouces......   0 fr. 69 c. le kilog.
                                et 30 0/0 de la valeur.

Articles finis ou non en
acier ou dans la composi-
tion desquels entre l'acier.   45 0/0 de la valeur.
    Articles de cuivre.......   45 0/0 de la valeur.

Ouvrages en peaux et
cuirs, gants en chevreau
et autres, pour hommes,
femmes et enfants........   50 0/0 de la valeur.

Porcelaine et biscuit do-
rés, ornés ou décorés de
quelque manière que ce soit.   50 0/0 de la valeur.

Porcelaine et biscuit
blancs sans aucune espèce
de décoration............   45 0/0 de la valeur.

Sucre raffiné, en pains,
en lumps, cassé, en poudre,
pulvérisé ou en morceaux.   0 fr. 57 c. le kilog.

Tabletteries, articles en

os, en baleine, en corne, en
ivoire et en ivoire végétal.. 35 0/0 de la valeur.

Billes d'ivoire.......... 50 0/0 de la valeur.

Tissus de coton autres
que croisés ne dépassant
pas 100 fils au pouce carré
(6,46 cent. carrés), y compris la chaîne et la trame
et pesant plus de 5 onces
le yard carré (170 grammes
le mètre carré) :

Non blanchis, non colo-
riés, non teints, non peints,
ni imprimés.............. 0 fr. 31 c. le m. c.

Blanchis............... 0 fr. 34 c. le m. c.

Coloriés, teints, peints ou
imprimés............... 0 fr. 34 c. le m. c.
et 10 0/0 de la valeur.

Tissus de laine, draps,
châles et tissus de laine de
toute sorte pure ou mélan-
gée, non dénommés...... 5 fr. 72 c. le kilog.
et 35 0/0 de la valeur.

Galons, franges, lacets,
cordons, glands, passemen-

terie pour robes.......... 5 fr. 72 c. le kilog.
et 50 0/0 de la valeur.

Tapis d'Aubusson et d'Axminster et tapis d'une seule pièce pour apparte-ments................... 50 0/0 de la valeur.

Tissus de soie pour ro-bes ou en pièces, rubans et velours de soie pure ou ve-lours dans lesquels la soie entre comme matière prin-cipale................... 60 0/0 de la valeur.

Vins non mousseux, en fûts.................... 54 fr. 74 c. l'hect.

En caisses de 12 bou-teilles ou de 24 demi-bou-teilles .... 8 fr. 29 c. par caisse.

Vins mousseux, champa-gne et autres............ 31 fr. 09 par 12 bouteilles.

*
* *

Un traité conclu sur de telles bases ne serait qu'une sanglante ironie.

D'abord, obtenir des Américains l'abaissement des droits de 75, de 60, de 50, de 45, de 35, même de 30 0/0.

Comment? Annoncer que l'on ouvrira un Congrès en 1878, et dans l'Exposition, rien de plus facile. Mais si les orateurs français bornent leurs soins à constater, d'une voix larmoyante, que le marché du nouveau monde est fermé à la France, les *debaters* de New-York, de Boston, de Philadelphie ou de Cincinnati laisseront un libre cours aux élans de leur sensibilité. Ils plaindront, en paroles émues, le sort des industriels de Paris, de Lyon et de Bordeaux que la douane guette, soupçonne et saisit sur les côtes lointaines. La sympathie alarmée versera une larme. Être désagréable aux *Frenchmen*, qu'on admire, que l'on vénère et que l'on aime, c'est dur. Hélas! pourquoi faut-il que la lutte pour la vie « struggle for life » vienne étouffer, par sa loi inhumaine, les effusions des cœurs tendres?

*
* *

Libre - échangistes, vous êtes attendris. Restez sous le charme.

7.

Shake hands, et *Cocktails.* Puis, *Vive la France !* et *Vive l'Amérique* aussi.

On se quittera bons amis. La question soulevée aujourd'hui aura-t-elle fait un pas? Non.

L'intérêt général, serré de plus près, conseille une marche différente. Autre résultat où se fonde l'espoir.

Malgré l'existence et la constance des préoccupations protectionnistes, on est bien obligé de convenir que les tarifs votés en 1861 et 1864, au début et vers la fin de la guerre de sécession et après la victoire du Nord, tendaient. avec plus ou moins de franchise, à imposer aux importateurs européens le paiement de la dette contractée.

Aborder ce côté de la question : on appréciera plus tard les conséquences de la prohibition.

* * *

L'erreur est un serpent qui rampe sous des roses. On avoue : des droits d'entrée de 20 0/0 fournissent à la douane tant de millions en 1857 Donc, 40 0/0 doubleront les recettes, et 60 0/0 les tripleront.

Raisonner ainsi, c'est se rapprocher, par la puissance de conception, de l'illustre ministre qui eût fait taxer les lettres à un franc pour toute la France si de sages amis de l'excellence fourvoyée n'étaient intervenus. Tant de lettres à 20 centimes rapportent tant. Le même nombre de missives à un franc rapportera cinq fois plus. Cela est limpide.

Mais, si chaque habitant du beau pays de France écrit une lettre par an au lieu d'en signer dix? Une lettre coûte un franc. Dix à vingt centimes coûtaient deux francs.

L'administration des postes, grâce à la réforme réalisée, touche vingt sous au lieu de quarante. Ce n'est pas tout à fait la même chose. Encore, doit-on calculer, pour mieux envisager la perte subie, les progrès de la population.

*
* *

Pareille mésaventure attend la douane qui se frotte les mains et s'écrie : *all right*, après avoir aligné des chiffres sur une blanche feuille de papier.

Ici, l'enquête indispensable se résumera dans

un tableau. De l'ordre de choses créé le 4 juillet
1776, descend une ligne qui garde, jusqu'à nos
jours, l'allure capricieuse et folle d'un bâton
flottant. C'est le produit des douanes. S'il
monte lorsque les tarifs s'élèvent, ne vous
hâtez pas trop de conclure en faveur des droits
fantastiques. Un autre élément d'information
vous manque. Faites courir une autre ligne
dans de nouvelles colonnes. Vous suivez la
marche de la population, et vous évaluez le résultat qu'accuseraient aujourd'hui les importations
sous le bénéfice d'un droit uniforme de 20 0/0.
Disposez-vous à confesser que ces 20 0/0 garan-
tissaient à la douane beaucoup plus de millions
de dollars que les 40 et les 60 0/0.

D'ailleurs, les recettes prévues par ces mesures qui froissent les plus simples notions de
l'économie politique rationnelle, subissent déjà
d'étranges variations. Elles ont baissé, en 1875,
sur 1874, de 5.967.302 dollars.

* *
*

Si l'on parvient à établir que les Américains
auraient remboursé plus vite leur dette en ne

dépassant jamais le taux de 20 0/0, on ira plus loin. N'y avait-il pas un avantage immense à maintenir la situation normale de 1785 à 1790 ? A cette époque, pas de droits protecteurs. Que fût-il arrivé si l'Amérique, au lieu de bannir les produits d'outre-mer, les avait reçus chez elle ? Les charges qu'on a voulu acquitter d'une certaine manière après les grandes calamités, n'auraient-elles pas disparu plus sûrement, si le travail national, affranchi de toute sollicitude indiscrète, avait puisé en lui-même l'énergie et les ressources que l'administration des douanes semblait lui mesurer ?

Une réponse affirmative excitera les regrets amers et les remords cuisants des fils de Washington. Gentlemen, leur crierons-nous alors, rien n'est perdu si vous savez modifier au plus tôt votre ligne de conduite.

N'oublions pas que l'idée de la protection ne cesse de hanter certains esprits au delà de l'Atlantique. Après avoir montré que des droits raisonnables eussent enrichi le Trésor, nous dévoilerons que l'industrie américaine fût devenue plus féconde et plus prospère sous le régime du libre-échange.

M. Menier écrivait en 1876[1] :

« Il y a moins de vingt ans, le mot (libre-échange) était un épouvantail. On considérait tout libre-échangiste comme un perturbateur, un révolutionnaire, un homme qui sapait les fondements de la société. C'était bien pis : on allait plus loin, et on l'accusait de chercher la ruine de son pays et d'être soudoyé par l'or de l'étranger. La calomnie venait ensuite en aide aux préjugés, et, s'étayant réciproquement, ils formaient une redoutable digue. »

L'esprit, en France, court les rues, les prés et les bois. Certes. Une idée nouvelle, cependant, nous semble toujours venir du domaine de l'utopie ; tout novateur nous paraît atteint d'une folie douce.

Plus tard, quelques esprits sortis de l'ornière acceptent la réforme proposée et en préconisent les bienfaits. A ce moment, les rieurs primitifs se fâchent, grincent des dents, et affirment que les éclaireurs méritent le bagne, même l'échafaud.

1. *La théorie du libre-échange et le libre-échange à l'intérieur.*

Plus tard encore, la propagande a porté ses fruits. Jugements obtus redressés.

La minorité des anciens jours est transformée en une imposante majorité. L'opinion est faite : cause gagnée.

*
* *

Nous en sommes là avec le libre-échange. Aussi, doit-on regarder les susceptibilités américaines comme un nuage prêt à s'évanouir sous les révélations de la pratique.

Jeter la vérité dans les âmes séduites par l'erreur ! Il le faut, et l'abandon momentané du principe ne cachera aucun faux - fuyant. Notez que la question de savoir si un peuple protégé doit se réjouir ou se plaindre sera résolue implicitement par l'état de telle et telle industrie.

Les tarifs sont des primes accordées à certaines branches du travail national. Vous décidez qu'un article de France n'entrera aux États-Unis qu'en payant un droit de 50 0/0. Vous favorisez l'écoulement du même article fabriqué en Amérique.

D'où la conséquence que les 50 0/0 restent destinés à enrichir le genre d'industrie qu'ils visent.

Et si nous déclarons que la taxe, loin de favoriser les industriels, les appauvrit?

Preuve réclamée. Elle sera la démonstration la plus claire, la plus nette et la plus frappante des troubles, des crises, et des désastres qui attendent une nation isolée sur le marché.

* *
*

A moins que l'on ne réponde : — Oui, l'expérience a été malheureuse ; mais si les droits actuels, doublés ou triplés, opposent une barrière plus invincible aux marchandises étrangères, la défaite honteuse d'aujourd'hui se changera demain en triomphe.

Cela reviendrait à confesser au malade : — Le remède d'hier, au lieu de vous guérir, a causé, dans votre organisme, des ravages épouvantables ; voici une potion beaucoup plus forte.

Les Américains ont trop de bon sens pour

assombrir davantage leur ciel sous prétexte de chercher l'éclaircie.

*
* *

Nous avons pensé que les faits prochains et authentiques apporteraient la conviction. Si les initiateurs de 1878 s'attardaient dans les généralités, on verrait peut-être se renouveler, au palais de l'Exposition, la scène du 21 janvier 1820. Ce jour-là, Thomas Tooke, exportateur anglais, réunit à Londres quelques amis dans un banquet, et fit un long *speech*. Le régime prohibitif allait exciter les haines d'en bas, et provoquer une révolution qui serait peut-être le 89 de l'Angleterre. Rebrousser chemin et se rapprocher de la liberté commerciale : on éloignait le péril.

Applaudissements chaleureux. Après le dîner, chacun des convives tira l'orateur par le pan de sa redingote, et lui proposa de modifier le programme en faveur du genre de commerce qu'il exerçait. Si bien que Tooke put avouer n'avoir même pas été compris des personnes jugées capables de le seconder.

8

Évitons pareille issue au Congrès de Paris.

On s'imagine toujours que la spécialité arc-boutée par une taxe profite seule de la faveur des chambres.

Illusion. Lorsqu'un vote assure le gain offert par un droit de 40, de 50 ou de 75 0/0, les éléments qui concourent à la confection et à la vente du produit accusent des prétentions plus grandes. La hausse des matières premières amène la hausse des salaires, à moins que celle-ci ne provoque celle-là. Les prix de transport suivent la même gradation.

N'essayez pas de justifier l'événement par des causes accidentelles. Producteurs, ouvriers et Compagnies de chemins de fer veulent avoir leur part des bénéfices fantastiques entrevus.

L'objet fabriqué coûte cher. Impossible de l'exporter. Allez donc lutter au loin contre des adversaires qui dépensent, pour atteindre souvent à un plus haut degré de perfection, une somme d'argent plus petite !

*
* *

L'industrie qui accepte la protection est

bloquée. Elle n'a pas d'autre champ d'activité que la consommation du pays, et doit se résoudre à étouffer les élans généreux qui la poussent au delà des frontières.

Prenez la métallurgie. M. E. Avril recueille des chiffres concluants [1].

De 1810 à 1873, la production de la fonte n'a cessé d'augmenter aux États-Unis. Depuis 1873, décroissance obstinée. 2.868.000 tonnes (1873) à 2.689.000 (1874), 2.266.000 (1875) et 2.050.000 (1876).

La consommation, dans les années 1873-74 et 1875, varie entre 3.013.000, 2.734.000 et 2.324.000.

On exporte à peine 10.000 tonnes.

Pourrait-on exporter davantage? Assurément, puisqu'on pourrait produire beaucoup plus.

Songez, en effet, que, sur 713 hauts fourneaux, 293 seulement étaient allumés vers la fin de 1875. Avec les 420 éteints rendus utiles, on aurait produit 5.500.000 tonnes de fonte au lieu de 2.266.000.

1. *La protection et ses conséquences aux États-Unis, Réforme Économique*, numéro du 1er janvier 1877.

On n'a pas accru les stocks. C'est que la fonte américaine, par son prix de revient (25 dollars 10), éloignait les acheteurs de l'étranger. On la livrait à 25 dollars 50, ou 112 fr. 50.

Or, à la même époque, la fonte d'affinage était à peine payée 54 fr. en Angleterre.

Dans ces conditions, lutte insensée.

On objectera que l'importation aux États-Unis conserve de sensibles avantages. Les droits d'entrée sont de 35 fr. par tonne. Ajoutez les 35 fr. aux 54 fr. vous avez 89 fr. plus 19 fr. pour transport, courtage et commission ; cela fait 108 fr. De 108 à 112.50, la marge n'est pas bien grande.

Les 247.528 tonnes importées en 1872 sont tombées à 53.748 tonnes en 1875, représentées presque exclusivement par le spiegel destiné aux aciéries. On fabrique maintenant ce produit aux États-Unis. Bientôt on ne le demandera plus à l'Europe, et l'importation des fontes sera nulle en Amérique.

*
* *

Si les faits enseignent que le prix de revient

de la fonte américaine est augmenté des droits d'entrée, vous devez en conclure que les maîtres de forges des États-Unis ne profitent en aucune manière de la situation anormale résultant des tarifs.

Supprimez les 35 0/0. La tonne américaine, au lieu de coûter 112 fr., n'en coûte plus que 77.

L'Angleterre livre à 73. Mais la crainte de la concurrence stimule l'énergie des maîtres de forges. Les procédés se perfectionnent, et le prix de 77 fr. baisse bientôt lui-même.

Alors se laisse deviner la possibilité de l'exportation.

L'exemple de la métallurgie permet de pressentir la vérité qui se dégagerait d'une étude englobant tous les genres d'industrie du nouveau monde.

*
* *

Cette vérité se formulerait ainsi : La protection, qui semble favoriser le développement de la richesse, tarit la source de la prospérité publique ; c'est un trompe-l'œil.

8.

Des aveux tardifs éveillent déjà la curiosité.
Les transatlantiques viennent en Europe, et re-
tournent aux États-Unis avec des chargements
insuffisants. L'Angleterre, la France, etc., refusent d'acheter à un pays où elles ne peuvent
vendre. Moins d'importations. Comparez les
encaissements de la douane. Et puis, moins de
production intérieure. L'étranger limite ses en-
vois. On s'apprête à constater un redoublement
d'énergie au sein des manufactures et des
usines. On découvre, au contraire, que les transactions ont baissé du tiers.

Un mieux factice avait élevé le prix de la
journée de travail. La crise prévue survient.
Chômage forcé. Grève, et troubles. Ce qu'on
voit actuellement dans les chemins de fer des
États-Unis, on le reverra autre part.

*
* *

Un procès est intenté par la France à l'Amérique. L'instruction s'ouvre, chemine lentement,
péniblement, à travers un labyrinthe de faits
contradictoires en apparence, et saisit enfin le
rayon lumineux.

On dit alors aux Américains venus à Paris :
— Voici le vrai, voici le faux ; soyez juges dans
votre propre cause.

Le travail préliminaire et indispensable ne
saurait être accompli que par un comité orga-
nisé à Paris.

Comité d'initiateurs. Les membres qui le com-
posent viennent de la Chambre de commerce et
du groupe de patrons (l'Union nationale du
commerce et de l'industrie).

Hommes ardents pour le bien, passionnés
pour le juste. Ils évitent les discours sans rime
ni raison des personnages qu'assiége le doute,
et déblaient devant eux une voie large et profonde.

Ils s'y engagent à fond de train. Leur premier acte est un appel conviant les Yankees à
organiser un autre comité.

Demande fort bien accueillie. Les deux grou-
pes se mettent en relation, s'éclairent mutuelle-
ment et posent, d'un commun accord, les ques-
tions à discuter l'année prochaine.

Sur ce programme, arrêté d'avance, s'ouvre
le Congrès franco-américain de 1878. Débats
publiés en anglais et en français. — Vote de ré-.

solutions motivées. Significations de ces résolutions aux gouvernements de Versailles et de
Washington, et aux assemblées délibérantes
des deux pays.

A ce moment, le rôle de l'initiative privée est
fini.

Par des faits, révéler aux Américains que
la prohibition, atténuée sous un voile protectionniste, affaiblit les forces productives et com-
promet les intérêts d'un grand peuple : tel est
le but.

Convaincre, c'est justifier le futur traité de
commerce.

L'opinion est une citadelle bien défendue.
Reconnaître la place. A certain endroit, se hé-
rissent les préjugés.

Là, portez tous vos coups. Efforts pénibles.
Quand vient le soir, vous n'avez déplacé qu'une
pierre du rempart. Cette pierre vous annonce la
brèche de demain.

Demain, vous aurez vaincu.

* *
*

Peut-être regrettez-vous que le mouvement

ne soit pas dirigé et conduit par le ministre de France à Washington.

Depuis quand, s'il vous plaît, la diplomatie est-elle tenue d'harmoniser les rapports internationaux ? Apprenez que le descendant d'une illustre famille, envoyé dans une capitale qu'il ne connaît pas, où il est inconnu, ne doit porter au loin que des manières polies, gracieuses, et un sourire aimable. Que parlez-vous de tarifs douaniers au monsieur dont tout le mérite est d'enseigner le bon ton aux rustres qui veulent bien l'accréditer ! Un noble Suédois s'excusait, auprès de François Ier, d'être obligé d'entretenir le roi de choses aussi futiles que les choses commerciales. Nos ambassadeurs sont beaucoup plus sérieux : ils ne prennent plus la peine d'aborder le sujet.

Une évolution inflexible a, cependant, réhabilité les producteurs européens. Le phénomène s'est accusé au-dessus de l'action gouvernementale, et souvent, malgré les résistances du pouvoir.

*
* *

Aujourd'hui, avant d'exprimer des vœux, les

Français conjurent l'administration, que l'Europe leur envie, de garder une neutralité absolue. Exemples récents d'intervention inopportune. Nos fonctionnaires, presque toujours incapables d'agir par eux-mêmes, s'irritent et s'emportent lorsqu'ils aperçoivent, à l'horizon, d'honorables citoyens comploter le triomphe d'une idée saine.

Phylloxera bureaucratique. Beaucoup plus dangereux que l'autre. C'est que ces intrus évoquent l'entreprise et se plaisent à la continuer, en niant les principes proclamés par l'initiative individuelle. Ne vit-on pas, au mois d'avril dernier, le ministère du commerce charger une commission d'élaborer le nouveau traité avec l'Angleterre? Mesure excellente. Mais presque tous les commissaires étaient des protectionnistes endurcis.

Afin d'échapper aux griffes d'hommes prévenus ou d'adversaires déclarés, nous revendiquons le droit d'examen et de libre discussion.

*
* *

Tout traité est soumis au vote des Chambres.

Supposez que les commissaires dont nous venons de parler fassent agréer, par les ministres et par le Parlement, une convention qui réponde aux espérances des protectionnistes. Le gouvernement déclare aux industriels :

— Vous attendiez l'acte devenu exécutoire; vous l'avez; soyez donc satisfaits.

Affreuse comédie, puisque la majorité des exportateurs comptaient sur un nouvel abaissement des droits.

Voilà à quel résultat on se heurte lorsqu'on gêne ou qu'on étouffe l'opinion.

Si toutes nos lois étaient discutées dans des réunions publiques et rédigées dans les journaux avant d'arriver à la tribune législative, la France serait moins souvent trompée dans ses désirs et ses aspirations.

On suivra cette règle prudente et sage dans la préparation du traité de commerce avec l'Amérique. Et nos exportateurs, avec l'autorité que donnent les enseignements de la pratique, convoqueront les Américains aux grands débats de l'année prochaine.

La cause est gagnée en France. Elle ne l'est

pas aux États-Unis. Parviendra-t-on à briser, là-bas, des résistances réelles ?

Persuadons-nous bien que l'appel, parti de France, sera reçu avec sympathie par les différents États de l'Union. L'Empire n'est plus, et les craintes, les appréhensions, les émotions suscitées par la guerre du Mexique, ont fait place à l'estime des anciens jours.

.. La France, à la vérité, de 1851 à 1870, a subi les responsabilités dont ne peut jamais s'affranchir une nation intelligente et fière, soumise à un pouvoir inepte et odieux. On lui pardonne sa longue tolérance du 2 décembre au 4 septembre, et l'on ne songe qu'à resserrer les liens formés sur les champs de bataille de l'indépendance.

*
* *

Avant 1776, les Français avaient déjà porté aux colonies leur vaillante ardeur. Le marquis de Mirabeau[1] les a raillés avec esprit. Écoutez :

1. *L'ami des hommes ou Traité de la population.*

« Arrivés ou établis les premiers dans l'A-
mérique septentrionale, ils (les Français) avaient
à choisir de.tous les dons de la nature, à la réserve d'un seul qu'on cherchait alors et dont ils
se dégoûtèrent heureusement, je veux dire les
mines. La terre était excellente dans ses pro-
ductions, la mer la plus poissonneuse qui soit
au monde, le commerce des pelleteries tout
neuf et si abondant qu'on ne savait que faire.
Ils se déterminèrent en braves Français. Ils
prirent tout, et tout de suite furent plus loin
pour voir s'il n'y avait pas encore quelque chose
de meilleur. Ils étaient sept. L'un demeura
en Terre-Neuve et dit : malgré ces brouillards,
je tiens ici, et toute la pêche est à nous ; deux
en Acadie, qui bientôt se battirent entre eux, à
cause qu'ils étaient trop serrés. Les quatre autres se furent [poser à Québec, dont l'un fut à
plein-pied, par le plus beau chemin du monde, s'établir dans la baie d'Hudson ; deux
autres, pour prendre l'air, remontèrent le
fleuve pendant quelques vingt-cinq, trente ou
quarante jours, jargonnèrent avec les sauva-
ges qu'ils n'avaient vus depuis longtemps et
leur demandèrent des nouvelles, les filoutèrent

9

de leur mieux, furent à la chasse aux hommes
avec les premiers qui les en prièrent, sans
leur demander pourquoi et seulement pour se
désennuyer; fichèrent quatre bâtons en terre
qu'ils appelèrent *forts*, partout où il leur parut
que s'assemblait la bonne compagnie, et surtout plantèrent force poteaux où ils eurent soin
d'écrire avec du charbon : *De par le roi.* »

*
* *

La persévérance n'a pas toujours animé nos
compatriotes du nouveau monde. Lacune la-
mentable en matière de colonisation. Les
efforts, toutefois, ont laissé des traces, et les
Américains qui interrogent l'époque incertaine
retracée, avec tant de désinvolture, par M. de
Mirabeau, tiennent grand compte des obstacles
surmontés, et remercient les Français d'aujourd'hui du dévouement de leurs ancêtres.

Le passé inspire l'affection, et une main
puissante nous est tendue à travers l'Atlantique.

Les cœurs s'unissent: hâtons-nous de rapprocher les intérêts.

Il y a quelques années, Thaddeus Stevens,
le *war horse*, le cheval de guerre des radicaux,
que nous avons connu et applaudi à Washington, s'écriait :

« Dans dix ans, ce pays contiendra une population virile de plus de cinquante millions d'â-
mes, entourée de mers que nulle flotte ne pour-
ra traverser sans notre consentement. La
Grande-Bretagne qui, dit-on, fut séparée du
reste du monde, n'est pas de moitié aussi bien
défendue par la mer que nous le sommes. Ce
sera alors un homme hardi que l'amiral venu
avec des intentions hostiles de ce côté des
colonnes d'Hercule. »

Le vieux tribun parlait ainsi des Antilles et
des possessions espagnoles :

« Et si quelque nation monarchique essaie
de nouveau d'implanter ses institutions sur
cette partie de l'isthme de Darien, elle trou-
vera qu'il existe là une république formée des
îles de la mer, république plus puissante que
la Grande-Bretagne, et non moins redoutable
que l'ancienne ligue achéenne, république que
nous ne rougirons pas d'appeler notre alliée,
car fouet du maître aura inspiré aux nou-

veaux citoyens la haine profonde de la servitude. »

L'orateur terminait par des paroles prophé-
tiques :

« Mais que cette alliée existe ou non, notre
gouvernement peut compter sur sa position
spéciale et sur sa propre force, et n'a rien à
redouter de l'univers. Traversez les vingt mille
milles de ce territoire ; descendez, de l'Amérique
Russe, jusqu'à l'isthme de Darien, puis remontez le gulf stream jusqu'à l'État de Granit (le
Canada) qui, avec les îles du golfe, appartien-
dra bientôt, je l'espère et je le crois, à notre
grande nation ; enfin, remontez jusqu'au pays
où rôdent les Esquimaux, autour duquel le ha-
reng, la morue et la baleine vont chercher un
refuge permanent, et vous aurez un immense
domaine entouré de mers, le plus vaste et le
plus fort que le monde ait jamais vu. »

*
* *

La prédiction de Thadd Stevens se réalisera,
si les Américains préviennent désormais les

catastrophes par une liberté commerciale sin-
cèrement organisée.

En France, nos conquêtes politiques et économiques ont toujours fait pressentir une marche rétrograde. Sur les ruines de la Bastille
s'est relevé le trône. Il était vermoulu : il tomba
en poussière. Et la République, après une longue absence, répond aux besoins de la nation.
Elle déjoue, par son admirable prudence, les
calculs des sauveurs qui ne sauvent jamais que
la caisse.

Plus loin, dans une pénombre qui n'est pas
toujours discrète, s'agitent encore les partisans
de la protection. Ils ne sont pas revenus de
l'étonnement causé en 1860. Aucun indice, d'ailleurs, ne transpira. M. Rouher, alors ministre
de Bonaparte, ne savait pas l'anglais ; et, afin
de mieux garder le secret, l'excellence faisait
traduire par sa femme et sa fille les *desiderata*
des délégués de la Grande-Bretagne. Le public'
ne savait rien, et disait : l'Empire résistera aux
sollicitations.

Un beau matin, le gouvernement impérial
s'engagea.

Félicitons Napoléon III. Aussi bien, l'auteur

9.

de la guerre du Mexique n'accomplit, dans ses pérégrinations champêtres, qu'une seule bonne action : le traité de commerce avec l'Angleterre.

L'expérience a donné raison aux négociateurs de 1860 ; et les hommes qui rêvent le retour au passé, ne seraient admis à s'obstiner dans leur fol espoir, que si la France retombait sous le joug de la monarchie. Car la logique mène le monde ; et, de la réaction politique, naîtrait le revirement économique.

*
* *

Les annales des États-Unis ne révèlent aucune des honteuses défaillances accusées chez nous par Napoléon Ier, Louis XVIII, Charles X, Louis-Philippe et Napoléon III. Depuis le 4 Juillet 1776, c'est-à-dire depuis plus d'un siècle, la liberté est restée debout.

Noble persévérance. Elle est le résultat de l'affranchissement de l'individu. Chaque citoyen des États-Unis pense, délibère, et agit par lui-même, sans jamais se soucier des vieilles potiches qu'il va irriter par les manifestations loyales de sa volonté : la nation avance d'un pas tranquille et lent, mais résolu.

Les Américains ont bâti de leurs mains, sans honte, sans faiblesse, et le regard toujours porté vers l'avenir, l'édifice qui a pour base et pour fondement des institutions républicaines.

Ils nous promettent, par leur foi invincible dans le progrès, d'accepter l'innovation de 1860 avec un enthousiasme éclairé que l'Angleterre elle-même n'a pas connu.

Lorsque nous admettrons encore des tarifs conventionnels, les hardis pionniers de la civilisation, désabusés au Congrès de Paris, s'écrieront déjà :

— Plus de tarifs !

APPENDICE

LE LIBRE-ÉCHANGE AUX ÉTATS-UNIS

(FREE TRADE CLUBS)

Dès 1865, on a prédit les conséquences fatales et logiques d'une étrange contradiction.

Le peuple qu'Emerson personnifie dans George Washington, fort attaché à la liberté politique, semblait se complaire, par la hausse des tarifs, à détruire les derniers vestiges de la liberté commerciale.

Ardeurs protectionnistes consacrées par la loi. Grave péril. Les partisans de l'Amérique fermée, bloquée, marchaient vers une crise. Au milieu des désastres, que deviendraient les institutions ?

Institutions fortes; hommes faibles ! basé

de toute société démocratique. Ce qu'on voyait
aux États-Unis.

Mais l'isolement économique, rêvé, pour-
suivi, et presque obtenu après la guerre de
sécession, allait faire, de la grande République,
ce qu'une ligature imprudente fait d'un membre privé désormais de sang nouveau. Le membre, sous l'influence du cercle qui l'étreint, dé-
périt, se gangrène et meurt.

Ainsi s'alarmaient hier les citoyens qui ne
restent pas indifférents aux conquêtes du droit
et de la raison affirmées, depuis plus d'un
siècle, à l'ouest lointain.

Aujourd'hui, les sombres préoccupations que
nous venons de signaler s'affaiblissent et s'é-
loignent. C'est qu'une pensée consolante ranime
l'espoir. La liberté politique, compromise par
les tarifs douaniers, est en train de secouer
et d'écarter l'immense filet qui la recouvre
encore.

Voici comment. De cette liberté même sont
nés le droit de réunion et le droit d'association.
Or, l'exercice non contesté des deux préroga-
tives permet actuellement à des Américains
de New-York et de Boston de provoquer un

mouvement libre-échangiste d'où viendra la révision des tarifs, c'est-à-dire le salut de l'Amérique.

Apprécions ce mouvement.

Le *Boston free-trade club* est ainsi composé : Président, William Downie; vice-président, James Freeman Clarke; secrétaire, Samuel L. Powers; trésorier, George F. Roberts.

Comité exécutif : MM. James Caller; le professeur N. St. John Green, de l'école de droit de Boston; George W. Brown, du collége Harvard.

Comité consultatif: MM. David A. Wells; Carl Schurz; William Cullen Bryant; le professeur Perry, du collége William; le professeur William G. Sumner, du collége Yale; et Horace White, de Chicago.

Les membres du *Club* ont rédigé leur programme en forme d'articles de foi. Ils pensent qu'aucune nation n'a jamais grandi, n'a jamais prospéré à l'ombre d'un système de taxes exorbitantes. — Pour un gouvernement, gêner le moins possible l'activité des citoyens et n'établir que des droits d'entrée légitimement dus, c'est répondre aux besoins du pays. Le respect de la

10

propriété consiste à permettre le libre-échange
d'un objet contre un autre, et tout système
qui nie ou restreint cette latitude, au profit exclusif d'intérêts privés ou d'intérêts de classe,
est injuste et intolérable.

Un homme qui avoue ne pouvoir se procurer
par son courage d'honnêtes moyens d'existence,
et que les difficultés de la vie portent à réclamer
l'appui de la communauté, est un pauvre dans
le vrai sens du mot. On a trop parlé de l'indigence à l'étranger ; le moment est venu de combattre l'indigence à l'intérieur.

Le régime protectionniste, tel qu'on le voit
appliqué aux États-Unis, est faux en théorie.
Dans la pratique, il économise des bouts de
chandelle (*penny wise*), sacrifie des sommes
folles (*pound foolish*), et reste contraire aux intérêts de toutes les classes. Il est aussi futile
qu'insoutenable. On doit l'abandonner.

Sous le bénéfice de ces déclarations, le *Boston free-trade club* s'organise au nom de la prospérité, du bien-être et du bonheur, contre la
restriction, la disette, la pauvreté et la misère.
Par les moyens que la liberté de réunion et la
liberté de la presse autorisent, on s'efforcera

de faire proclamer, à la Chambre des représentants et au Sénat de Washington, les principes
du libre-échange.

L'un des membres les plus ardents et les
plus actifs du *Boston free-trade club* est M. Nathan Appleton. Dans un discours prononcé à
Forker-House, l'orateur, au nom seul de la
marine américaine, instruisait le procès du
régime prohibitif. Il arrivait à cette conclusion
que le commerce interocéanique n'offrait plus
d'avantages sérieux aux armateurs. Si des com-
plications éclataient en Europe, les grandes
puissances seraient naturellement portées à
mettre, sous la protection du drapeau américain,
les produits attendus de l'étranger. Alors, quel
secours utile pourraient offrir les ÉtatsUnis avec
leur petite flotte de caboteurs ?

On ne construit pas de navires sans argent.
D'ailleurs, la loi prohibe l'achat de vaisseaux
non sortis d'un chantier national.

Le malaise révélé a pour cause et pour origine le système d'exclusion inauguré après la
guerre de 1861-65. A mesure que les droits de
douanes augmentaient, les marchandises deve-
naient plus rares sur les côtes américaines, et le

nombre des navires diminuait. Si bien que, un jour, la marine offrit le spectacle d'une décadence obstinée.

Le *Free-trade club* de New-York veut former un courant d'opinion favorable à l'établissement de rapports commerciaux francs et sincères avec tous les peuples.

Il a pour président M. Francis O. French, et pour secrétaire M. Edwin A. Pratt. Le comité exécutif est composé du président et du secrétaire, sortis de charge, et de MM. John P. Townsend, E. R. Leland, John J. Hinchman.

La *platform* de ce *club* résume les inconséquences, nous pourrions même dire les dangers, de la prohibition qui frappe, viole la liberté individuelle, et reste incompatible avec les principes d'un gouvernement républicain. Le libre-échange facilite l'essor de l'agriculture et de l'industrie dans les endroits mêmes que la nature semble avoir créés en vue de produits spéciaux. Il établit, entre les nations, la liberté commerciale qui existe entre les États de l'Union Américaine. Si l'absence de restrictions dans les rapports du Massachussets et de la

Pensylvanie est utile, elle ne peut être nuisible
dans les relations qui naissent entre l'Amérique
et la France, l'Angleterre, etc.

On a prétendu que les tarifs élevés enrichis-
saient le Trésor. Les initiateurs de New-York,
pour toute réponse, assurent que l'adoption de
méthodes simples et loyales, en ce qui touche
la perception de l'impôt, amènera l'économie
dans les dépenses.

Des droits d'entrée exorbitants poussent à
la contrebande et invitent au mépris de la loi.

Faire prévaloir la solidarité des intérêts entre
les nations, c'est travailler au maintien de la
paix. Nous pourrions ici dépasser la *platform*
que nous analysons, et dire : le libre-échange,
proclamé et appliqué, aura, pour conséquence
immédiate, la paix universelle.

Font partie du *New-York free-trade club* les
signataires des *articles of association* dont l'adhé-
sion est acceptée par un vote. Tout membre
verse dix dollars en entrant, et une cotisation
annuelle de douze dollars, payable par moitié
et d'avance. Les adhérents élus qui remplacent
le droit d'entrée et la cotisation annuelle par
une somme de cent dollars, sont regardés

10.

comme membres à vie. Le *Club* se réserve
la faculté de choisir des membres honoraires
parmi les personnes ayant servi utilement la
cause du libre-échange.

On garde à titre de dépôt et l'on place les
sommes reçues des membres à vie et des membres à l'année. L'intérêt seul des placements est
destiné à faire face aux dépenses du *Club*. Parmi
ces dépenses, on cite l'achat et l'entretien de la
bibliothèque et des meubles. Chiffre des frais
limité au chiffre du revenu.

Le 7 septembre 1877, les principaux libre-
échangistes des États-Unis se sont réunis à
Saratoga. M. David A. Wells, de Norwich
(*Connecticut*) présidait; M. Abraham L. Earle,
de New-York, était secrétaire.

MM. David Dudley Field, Parke Godwin,
Horace White et Francis A. Walker, formant
un comité *ad hoc*, ont proposé et fait voter sept
résolutions importantes.

La conférence de Saratoga fut ouverte par un
excellent discours de M. NathanAppleton.

L'orateur commence par s'élever contre les
soupçons de l'ignorance. En France, on prenait
autrefois les libre-échangistes pour des traîtres

qui vendaient leur patrie à l'étranger. Aujour-
d'hui, aux États-Unis, beaucoup de gens sont
assez disposés à voir des perturbateurs dangereux dans les *free-traders*. Pour ces gens
prévenus, demander l'abaissement des tarifs,
c'est bouleverser, au profit de l'Europe, le
commerce des États-Unis.

M. Appleton fait bonne justice de ces im-
putations. A une époque où les tarifs vexatoires
sont un obstacle au développement normal de la
prospérité, il est nécessaire de réagir contre un
courant funeste. Le législateur est animé de
bonnes intentions. Soit. Mais les mesures édic-
tées vont contre leur but, puisqu'elles sont
plus nuisibles qu'utiles. En pareille conjonc-
ture, les hommes qui voient le danger se man-
queraient à eux-mêmes s'ils restaient les
témoins impassibles et muets des maux qui
grandissent. Action énergique et prompte com-
mandée par le devoir.

Où est le nœud de la situation? Ici : le peuple
américain fut, à dessein, rassasié et fatigué de
politique (*our people all through the country are
for the nonce tired of and surfeited with politics*)
Les *leaders* voulaient faire perdre de vue aux

masses la question économique. Ils n'ont que trop bien réussi.

Lorsqu'une nation comme la France doit lutter contre les anciens partis qui complotent le retour de la monarchie, on admet que le parlement n'ait qu'une préoccupation : établir d'abord le gouvernement du pays par le pays.

En Amérique, la République n'est pas contestée, et aucun prétendant ne menace de surgir. Le moment est venu de porter les membres du Congrès de Washington à sauvegarder les intérêts de leurs électeurs que vient troubler une crise persistante (elle dure depuis quatre ans) dans les finances, le commerce et l'industrie.

Le jour où les députés et les sénateurs de l'Amérique voudront bien s'éclairer, ils reconnaîtront que les barrières protectrices sont des obstacles à la prospérité et au bonheur des nations; que les fruits de la terre et les produits de l'activité humaine poussent et se façonnent avec le droit inaliénable de circuler librement dans tout l'univers. Dans le siècle du télégraphe et de la vapeur, lorsque la pensée, le langage et la monnaie vont, pour ainsi dire, instantané-

ment d'un bout à l'autre du monde, et lorsque
les marchandises pourraient les rejoindre si vite,
aucune nation n'a besoin de s'isoler sur le marché, et toute nation qui cherche la sécurité dans
la protection s'abuse d'une façon déplorable.

Cette déclaration de principes conduit à l'abolition des tarifs. Nous n'osons espérer que le
Congrès de Washington suivra l'orateur de Saratoga jusqu'à la limite extrême qu'indiquent
les nouvelles conditions économiques des so-
ciétés modernes. Le progrès par la loi est timide, craintif. Il ne s'accuse que si les abus ne
se révoltent pas trop. Prêchons aujourd'hui
une réglementation intelligente qui se traduira
par un abaissement des taxes. N'allons pas plus
loin, et nous ne serons pas désappointés.

Le libre-échange, c'est la lutte ouverte entre
les nations. Des circonstances défavorables ne
mettront-elles pas un pays sur un pied d'infé-
riorité? Si l'on s'imagine que le principe de la
libre circulation puisse être atténué, on recon-
naîtra bien vite que l'exception ne saurait atteindre les États-Unis. Le climat de cette vaste
région offre les degrés propices du chaud et du
froid; le sol donne avec prodigalité toutes les

choses nécessaires à la vie ; ce sol renferme
des métaux précieux ; deux océans, des fleuves
et de nombreuses rivières lui apportent leur
tribut ; et enfin, l'exposition de Philadelphie a
montré que les articles américains pouvaient être
vendus meilleur marché, tout en restant d'une
qualité au moins égale, sinon supérieure, aux
produits du dehors.

Dans ces conditions, les États-Unis n'ont
besoin d'aucun appui venant du régime protectionniste.

D'aucuns prétendent que les tarifs élevés per-
mettent à l'industrie de grandir. A cela M. Appleton répond : on ne pourrait citer aucun produit américain ayant à craindre la suppression
de la douane, et la plupart des manufacturiers
ralliés à la protection seraient dans l'impos-
sibilité de prouver que le libre-échange nui-
rait à leur industrie. On est protectionniste par
habitude, sans se demander si la protection,
inutile à l'existence d'une industrie, n'a pas
pour seul résultat d'augmenter le prix des objets fabriqués, et d'imposer à la masse des
consommateurs, au profit des industriels, une
augmentation de prix. Tout objet protégé se

vend plus cher que l'article correspondant venu de l'étranger. Et cette différence de prix, que maintient le monopole, amène des résultats bizarres. Le bœuf du Texas, par exemple, le cuivre du Michigan et les caractères d'imprimerie du Rhode-Island coûtent moins cher en Europe qu'aux États-Unis. Il y a là une situation anormale.

La protection n'est-elle pas une source féconde de revenus? L'orateur pense que si l'on additionnait tous les frais qu'une semblable perception exige, comme les salaires des milliers d'employés dont la douane a besoin, les frais de construction des offices, et le reste, on serait tout étonné de voir quelle petite somme reste à verser au Trésor. Ces frais sont surtout occasionnés par la multiplicité des articles à frapper. Si l'on veut que la douane serve utilement à rembourser les dettes nationales, il faut reviser les tarifs et ne plus reconnaître de droits d'entrée que sur peu d'articles. Alors, la perception n'exigera plus une armée de fonctionnaires.

M. Nathan Appleton, au début de son remarquable discours, attendait, du meeting de

Saratoga, une *free-trade league* nationale et per-
manente. Nous verrons tout à l'heure que
cette espérance ne fut pas trompée.

La première des sept résolutions votées à Saratoga renferme un aveu que le Congrès franco-
américain de 1878 viendra répéter : la crise
industrielle, commerciale et financière d'Amérique a surtout pour cause la rigueur de la législation, les Américains, d'après la loi, ne pouvant
disposer du surplus de leurs produits en faveur
des pays étrangers qui ont besoin de cet excédant et le réclament.

Le deuxième point voté explique pourquoi la
politique financière et commerciale n'a été,
depuis la guerre de sécession, qu'une longue
suite d'erreurs. On a oublié, au sein du Congrès
de Washington, l'axiome économique d'après
lequel tout achat provoque une vente. Les Américains ne pouvaient exporter que s'ils étaient
autorisés à recevoir chez eux des importations.

Arrive ensuite la constatation du malaise qui
frappe la marine des États-Unis. Constater ne
suffit pas. D'où vient le mal? Des taxes établies
dans un autre but que le revenu public. Ces
taxes ont empêché les armateurs de construire

et d'acheter des navires à des prix raisonnables.
Aussi la marine fédérale, qui était la seconde
des marines du monde, et qui allait être la première, est-elle en train de disparaître des mers.

On dira : les illusions du législateur, qui s'en-
racinent depuis seize ans, aboutissent à l'établissement de nouvelles usines. Oui, répond la
quatrième résolution, et il importe d'examiner
comment on maintiendra les situations dues au
régime protectionniste. Les intérêts dont nous
parlons souffrent aujourd'hui avec les autres
intérêts. Ils ont tiré de la protection tout ce
qu'ils pouvaient y trouver, et n'ont pas moins
besoin que le reste du pays de lire la fin des
alarmes dans les tarifs revisés.

Le *quinto*, avec une réforme de la législation, préconise la révision des traités de commerce, qui ne répondent plus aux besoins actuels, et recommande la négociation de traités
entre les État-Unis et les nations comme la
France et l'Espagne, que l'absence de tout
contrat inquiète.

La sixième résolution touche l'amélioration
des rapports commerciaux entre les États-Unis
et le Canada.

11

Enfin, la conférence invite les citoyens qui
acceptent les idées reconnues bonnes, et indi-
quées plus haut, à former, en vue de la propagande, des organisations locales. Un conseil de
treize membres, nommé à Saratoga, a le pouvoir de réunir en convention tous les comités
locaux et d'ériger une association nationale.

On a justement remarqué les paroles de Parke
Godwin qui s'écria, en votant les résolutions :

— Lorsque j'étais jeune, je brandissais un
étendard où étaient écrits : *free soil, free men and
free trade*, indépendance du sol, liberté politique
et libre-échange. Nous avons obtenu les deux
premières garanties. Hâtons-nous de conquérir
la troisième.

Les résolutions de Saratoga ont été adres-
sées aux personnes capables de seconder le
mouvement qui doit englober tous les États de
l'Union.

La lettre d'envoi porte que les orateurs de
Saratoga se sont efforcés de garantir « une
véritable protection à l'industrie américaine ».
Or le but entrevu par le meeting est la suppression des tarifs. D'où l'on peut conclure que
les *free-traders* réunis le 7 septembre ont pensé

que la meilleure protection résultait de l'absence de protection. Ce qui est la pure vérité
économique.

L'abaissement graduel des tarifs amènera la
fin des crises et le retour de la prospérité.
Puis, des traités de commerce avec l'Europe
ouvriront aux États-Unis les marchés d'où ils
sont exclus.

Un mouvement existe déjà en faveur de la
réforme de l'impôt. On grossira le mouvement,
et l'on agira de manière à gagner le respect
et l'approbation des deux partis politiques re-
présentés au Congrès. Alors, on redressera les
lois boiteuses. Succès attendu de l'organisation
de *clubs* locaux répartis dans les villes ou les
districts. Si des citoyens, approuvant les résolutions, sont dispersés dans la campagne et ne
peuvent se réunir, qu'ils fassent parvenir leurs
noms. Que les associations locales arborent l'un
de ces drapeaux, à leur convenance : le *free-
trade*, le *revenue reform* ou le *tariff reform*.
Elles ont même la latitude de choisir d'autres
dénominations. Ici, le nom a moins d'impor-
tance que l'objet (*the name is not of so much im-
portance as the object*).

On groupera les *clubs* disséminés par État, et
les éléments fournis par tous les États forme-
ront l'organisation nationale que le conseil élu
à Saratoga a pour mission d'assurer.

On estime d'avance les services volontaires.
Si le désintéressement n'est pas possible, le
conseil, toujours prêt à fournir son appui moral, ne promet pas d'argent.

L'œuvre doit profiter au bien général, et
chaque localité, chaque district, chaque État,
en subvenant aux dépenses de leur organisation
respective, suivront la règle de conduite qu'im-
posent aux citoyens éclairés l'indépendance et
la confiance en soi-même.

Le *council* est composé de la manière sui-
vante :

Président, David A. Wells, de Norwich (*Connecticut*) ;

Secrétaire, Abraham L. Earle, de New-
York ;

Membres, Nathan Appleton, Edward Atkin-
son, de Boston ; Charles H. Marshall, Anson
Phelps Stokes, Francis O. French, Watson
R. Sperry, Mahlon Sands, de New-York ; R.
R. Bowker, de Brooklym ; W. L. Trenholm,

de Charleston (Caroline du Sud); A. Sidney Biddle, de Philadelphie ; Alfred B. Mason, de Chicago; G. Ward Nichols, de Cincinnati ; et R. Brinkerhoff, de Mansfield (Ohio).

L'*International free-trade alliance*, organisée à New-York, possède un conseil et un comité exécutif.

Les membres du conseil sont : MM. William Cullen Bryant, Parke Godwin, William Wood, Charles Moran, John R. Voorhis, George B. Mead, Dr. Wm. A. Hammond, Charles O'Connor, Oswald Ottendorfer, Dr. C. R. Agnew, Isaac Dayton, Josiah Rich, David G. Cartwright, Robert B. Roosevelt, David A. Wells, Thomas Holland, Anson Phelps Stokes, Allan Hay, David B. Williamson, Dorman B. Eaton.

Rentrent dans le comité exécutif : MM. R. R. Bowker B. D. Skinner, Thos. T. Howard, Jr., Ch. M. Eisig, Stephen Angell, Dr. Adolf Heyl, Wm. F. Macrae, prof. A. H. Dundon, R. S. Perrin, Alvah W. Brown, Ed. M. Shepard. Edw. H. Loud, F. H. Harrison, président; Abraham L. Earle, secrétaire; A. D. F. Randolph, trésorier.

L'*Alliance* a pour but de provoquer le développement des industries nationales en faisant modifier la législation commerciale. Elle pense que l'on réformera les abus de l'administration civile en réduisant le nombre des emplois.

D'abord, supprimer les entraves qui gênent dans le pays la circulation des produits, et appliquer le système qu'un Français, M. Menier, appelle « le libre-échange à l'intérieur ». Ce premier point obtenu, on passera, des États qui forment l'Union américaine, aux nations qui constituent la force productive du monde, et l'on tentera d'établir, entre l'Amérique et la France, l'Angleterre, etc., le libre-échange qui existera entre le Massachusetts, la Pensylvanie, le Maryland, etc. De cette manière, on parviendra à stimuler l'esprit d'initiative et à augmenter le bien-être du genre humain.

Toute personne qui accepte le programme est vivement sollicitée de se mettre en relation avec le comité. A ceux que l'absence de toute notoriété rend timides, on déclare : aucun homme n'est assez obscur pour ne pouvoir rendre quelque service. Dans une localité, deux ou trois adhérents, guidés par leur patriotisme,

peuvent éclairer leurs voisins, et grouper les
éléments d'un faisceau qui impose le respect.

Tout souscripteur à un exemplaire des publi-
cations de l'*Alliance* paie un dollar par an. On
réclame l'appui pécuniaire des citoyens favori-
sés par la fortune.

L'*Alliance* publie une revue mensuelle, *The
New Century*.

Les directeurs de cette publication dénon-
cent et se disposent à combattre l'ignorance, le
caprice et l'égoïsme qui modifient ou menacent
de modifier, à chaque session du Congrès, les
lois du commerce international, troublent ainsi
les prudentes combinaisons des hommes pratiques, et compromettent les intérêts de tout le
pays.

L'*International fre-trade alliance* reconnaît la
nécessité de propager les premières notions de
l'économie politique. Elle désire, par cette propagande, obtenir une législation commerciale
honnête et intelligente des hommes choisis pour
sauvegarder les intérêts du peuple. Elle espère
que la *New century* va faire pénétrer dans les
masses un rayon du vrai. La cotisation d'un
dollar par an ne couvrira pas les frais, On fait

appel à la générosité des personnes qui possèdent le nerf de la guerre : l'argent.

Les promoteurs de l'*Alliance* ont développé leur programme.

Liberté absolue des échanges. Cette liberté, qui permet d'échanger les produits agricoles et manufacturiers des États-Unis contre les produits des autres nations, est aussi nécessaire à la prospérité du pays que la liberté individuelle est nécessaire au producteur. Principe qu'on ne pourrait violer sans mettre en cause l'existence même des institutions américaines. Le confort, le bien-être, la civilisation et le bonheur du genre humain augmentent et s'accroissent par le progrès des échanges du travail entre les individus, les provinces et les nations. Comprendre son intérêt, c'est retenir d'un produit la part dont on a besoin, puis échanger le surplus contre des objets confectionnés par d'autres. Le peuple américain, dont la liberté de vendre et d'acheter reste sonmise à l'arbitraire du gouvernement, n'est pas un peuple libre. — Exiger de la douane un revenu national, c'est violer les principes de la liberté, c'est encourager les préjugés internationaux, c'est mé-

connaître l'idée républicaine, et arrêter les progrès de la paix et de la bienveillance parmi les
hommes. Toute modification brusque et arbitraire du tarif exerce une influence pernicieuse
sur les affaires. Obstacle à la prospérité nationale et au succès d'entreprises utiles et honorables. De là sont venues, depuis longtemps,
des causes de division. Le système de revenu
est ruineux et injuste, lorsqu'il oblige le peuple
à payer, pour le prix des choses nécessaires à
la vie, un tribut beaucoup plus élevé que la
somme versée au Trésor. C'est un encourage-
ment perpétuel à la corruption et à la fraude,
qui ruinent les marchands honnêtes. État de
choses qui explique la présence d'une armée
d'employés. Les nombreux auxiliaires agissent
sur les partis politiques, et retardent toute
réforme dans l'administration.

Rejeter le système actuel de revenu doua-
nier, et proclamer le libre-échange absolu, tel
est, au fond, le programme de l'*Alliance*.

Les Français ont le désir légitime de porter
la lumière dans l'esprit des Yankees attardés.
Ils savent maintenant que des écrivains, que
des orateurs mettent déjà, aux États-Unis, leur

intelligence et leur cœur au service de la noble cause du libre-échange.

Certes, les documents nous dévoilent une grande impatience.

— Y songez-vous? exclameront d'honnêtes industriels et de non moins honnêtes commerçants de Philadelphie, de Cleveland ou de Baltimore. Demander, sans dire gare, l'abolition des douanes!

Il est bon, dans tous les cas, il est utile que des éclaireurs montrent le but éloigné.

Sans doute, la nation qui parcourt, en un jour, l'étape d'un siècle s'effraie, le lendemain, de son audace, et recule. En France, depuis 89, nous avons été plus d'une fois témoins de cette fièvre que suit bientôt l'abattement. Mais la race anglo-saxonne possède le sang-froid qui prévient les casse-cou.

Sans fougue, sans passion, et préoccupés uniquement de s'avancer vers un résultat pratique et de s'y maintenir, les Américains n'offriront d'abord qu'une réglementation intelligente des tarifs.

Réglementation qui nous profitera, si le Congrès franco-américain de 1878 notifié aux gouvernements de Versailles et de Washington, et aux parlements des deux pays, les bases d'un traité de commerce.

La Convention signée restera insuffisante ! Toutefois, si les *free-traders* de là-bas et les libre-échangistes d'ici refusent de se décourager, l'Amérique et la France ne tarderont pas à abaisser de nouveau leurs barrières.

TABLE DES MATIÈRES

PARIS. — IMP. F. DEBONS ET Cᵉ, 16, RUE DU CROISSANT

www.ingramcontent.com/pod-product-compliance
Lightning Source LLC
Chambersburg PA
CBHW072312210326
41519CB00057B/4893